# ディズニー
# 夢をかなえる神様が
# 教えてくれたこと

*Disney; What the Master of*
*Dreams Taught Me*

鎌田 洋
*Kamata Hiroshi*

我々は決して忘れてはならない。
すべての始まりが
一匹のネズミだったということを。

——ウォルト・ディズニー

## 「夢」がよみがえる場所

どうしたんだろう。いつものように駅の改札に急ぐ通勤の人波の中で、若者は捕らえられたように足が動かなくなっていた。

立ち止まっている彼にぶつかりそうになった誰かが、小さく舌打ちしながら脇をすり抜けていく。

――五月病？　ネットのニュースで見た文字が頭をよぎる。まさか自分が……。急に不安になった彼は、何かから逃げるように会社とは反対方向の電車に飛び乗った。

つい1か月前は、誰もが知っている人気企業に入れてみんなに祝福されていたのに。

会社には適当な理由をつけて休みの連絡だけした。その日一日、彼は目的もなく電車を乗り継ぎ、知らない駅のホームでぼんやり過ごすしかなかった。夕暮れになり、ふと目に

ついた「舞浜方面」の表示に誘われるように、また電車に乗り舞浜駅に降り立った。

どうしてなのかは自分でもわからない。ただ学生のとき、しんどいことがあっても友達に誘われてディズニーに遊びに来たら、最初は無理やり連れてこられた感じだったのに、いつの間にか素直に楽しめていた記憶があった。

久しぶりに入ったディズニーシーは相変わらず異国感であふれている。パークの中を歩き回るうちにすっかり夜の世界になり、気がついたらメディテレーニアンハーバーにたくさんの人が集まっていた。

そうか、ショーがあるんだ。彼はみんなのわくわくした空気に一瞬気後れしたが、夜のショーは観たことがなかったので留まることにした。

水上のスクリーンにディズニー映画の世界が映し出される。「ファンタズミック！」の音と光のシャワーを浴びているうちに、彼はふしぎな感覚に襲われたのがわかった。

（なんだろう、この胸がチクリとする感じ……）

そう。彼は、子どもの頃から人を楽しませるエンターテイナーになりたかったのだ。消し去ったはずの夢が痛みと共に彼を呼び覚ました。幼い頃、商業施設の広場で観たジャグラーの技に魅せられ、ジャグリングを習いたいと親に言ったこともあった。けれど「そんなものを習っても食べていけないんだよ。周りをちゃんと見なさい」とひどく反対され、それ以来、夢を封印してきたのだ。

結局、親が言うように周りの子たちがやっていることを自分もやり、周りがほめてくれる学校に進学し就職だってした。だけど「自分の声」にはしたがってなかったのだ。

でももう今さら、そんなことを後悔したって仕方ない。社会人にもなってジャグラーをまだ夢見てるなんて笑われる。彼はいたたまれなくなって、その場から走り去ろうとした。

そのとき——。

「君がどんなに強くても、これは僕の夢なんだ！」

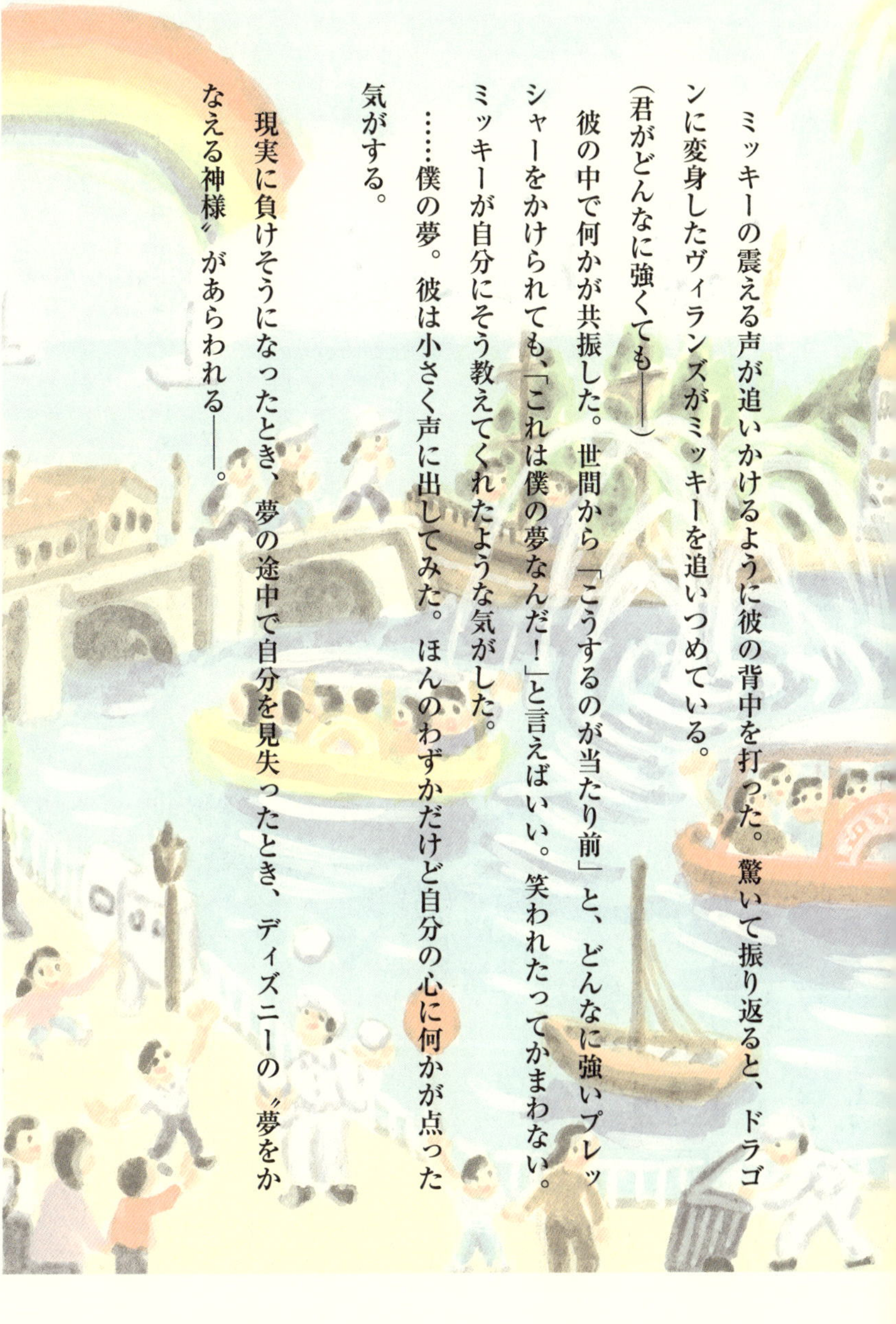

ミッキーの震える声が追いかけるように彼の背中を打った。驚いて振り返ると、ドラゴンに変身したヴィランズがミッキーを追いつめている。
（君がどんなに強くても――）
彼の中で何かが共振した。世間から「こうするのが当たり前」と、どんなに強いプレッシャーをかけられても、「これは僕の夢なんだ！」と言えばいい。笑われたってかまわない。ミッキーが自分にそう教えてくれたような気がした。
……僕の夢。彼は小さく声に出してみた。ほんのわずかだけど自分の心に何かが点った気がする。

現実に負けそうになったとき、夢の途中で自分を見失ったとき、ディズニーの〝夢をかなえる神様〟があらわれる――。

はじめに

# みんなが知らないもう一つの夢の世界

ディズニーは「夢の世界」だとよく言われます。実際、東京ディズニーランドの「夢と魔法の王国」というテーマはすっかり有名です。

最寄りの舞浜駅に降り立った瞬間から、いつもの日常とは色合いが違って見える。「夢色《ゆめいろ》」という絵の具やパステルがあるなら、きっとディズニーの色がその色。そんなふうに感じるゲストも少なくありません。

ひと言で言うなら楽しい想像（イマジネーション）が膨らんでいく。ディズニーの夢の世界には、そんなふしぎな力があるのかもしれません。

ですが、ディズニーには本当はもう一つの「夢と想像力」の世界があるのをご存じでしょうか？

もう一つの「夢と想像力」の世界とは、人間が持つ後ろ向きな心、ネガティブさがもたらす世界です。

人生はいつも願ったとおりに進んでいくとはかぎりません。むしろ、うまくいかないことや、突然の思ってもみない出来事のほうが多いかもしれない。周りを見れば、自分だけがその場に立ちすくんで置いていかれているような気さえする。

そして、そんなときに人は「弱気」になり、後ろ向きでネガティブな想像（イマジネーション）にとらわれ、自分の未来が色あせて見えてしまうのです。

ですが、これはちっともおかしなことではありません。夢の世界を現実にしたウォルト・ディズニーもかつて、こんなことを言っています。

**「人生では明るい面をいつも見るようにしている。だけど、人生は面倒なことの連続だってこともよくわかっている」**

あの、夢にあふれた楽天家のウォルトでさえ、生きていくうえでは大変なこと、つらいことも避けては通れないと言っているのです。

けれどもウォルトは、そのあとこんなふうにも言っています。


**「涙があるから笑えるときが来る。映画やテレビ番組をつくるなら、ドラマも悲しみもユーモアもすべて含んだありのままの人生を作品に取り入れないとダメだ」**


そう。だからこそディズニーの世界には、人間が思ってもみない出来事に翻《ほん》ろうされたり、その中で弱気になったりしながらも、それでも自分の夢や未来を捨てずに立ち向かっていくストーリーが、いろんなアトラクションやショーでも描かれているのです。

この本の冒頭にも出てきた、ディズニーシーの大人気ショー「ファンタズミック！」でも、あのミッキーが邪悪なイマジネーションの力に翻ろうされ悪夢のような現実に追いつめられる場面があります。

それでもミッキーは自分を奮い立たせるように、立ち向かっていく。もし、そこで自分の中にあるネガティブな〝もう一つの想像力〟で「怖れ」を膨らませてしまったら、自分らしさや自分の夢がどこかに閉じ込められてしまうかもしれません。

ミッキーは私たちの持っているイマジネーションは、いい方向にもそうでない方向にも向かわせてしまう力を持っていることを教えてくれています。

決してパステルカラーの楽しい「夢と想像力」の世界だけがディズニーにあるのではない。老若男女問わず誰もが共感できる時間と空間に、あれほど多くのゲストが何度もリピートする秘密はそこにもあるのです。


これからみなさんにお届けする3つの物語でも、それぞれの登場人物たちが「夢」を持ちながら、ときには自分の描く夢に押しつぶされそうになったり、ネガティブな想像力にさらわれそうになったりしながら、懸命に生きる姿が見てとれると思います。

それはかつての私自身でもあり、未来の坂を上ろうとしているみなさんの姿かもしれません。

世間の人、いや世間の〝空気〟は、なぜか自分の夢を持ち続け、何度失敗してもそこに挑もうとし続ける人を「夢想家《むそうか》」として斜めに見たり、世間を知ろうとしない身の程知らずと呼んだりします。

だとしたらウォルト・ディズニーは相当な夢想家で身の程知らずになってしまう。でも「それでいいんだよ」とウォルトがつくったディズニーの世界は教えてくれています。なぜなら、もしウォルトが世間の目や声を気にして自分の「夢と想像力」を消してしまっていたら、今のディズニーの世界は生まれていないのですから。

ウォルト・ディズニーも、こう語りました。

**「夢を求め続ける勇気さえあれば、すべての夢は必ず実現できる。我々は決して忘れてはならない。すべての始まりが一匹のネズミだったということを」**

ウォルトはどんなに壮大な夢だって、夢を求め続け自分の中の想像力、イマジネーションの火を消さなければ、ほんの小さなことがきっかけになって不可能に思えることも可能にできるんだと教えてくれているのです。

本シリーズを通して私が一貫して伝えたかったこと。それは「人間には夢の数だけ可能性がある」ということ。

これからはじまるのは、私がディズニー時代から卒業後に目の当たりにした、数多くのゲストやキャストの実話の一部に基づきながら、ウォルトが残してくれた「夢と想像力」がもたらすふしぎな力をできるだけ多くの人々に届けたいという願いを込めて著した物語です。

さあ、それでは開演です！　ディズニーの〝夢をかなえる神様〟と一緒に、夢をあきらめない人たちが織りなす本当のファンタジーの世界に入っていきましょう！

２０１８年９月

鎌田　洋

装画
あさのけいこ
装丁
長坂勇司

# 目次

# 第1話

# 元気の魔法

２０１６年　５月

それは、若葉の香りをいっぱいに乗せた風が、鼻先をそっとなでていく陽気な午後だった。

大都会の東京も、オフィス街を抜ければ意外に緑が多い。自分が生まれ育った東北の地がそうだったからなのか、春から初夏へと季節が進んでいくこの時季、生命力にあふれた樹々の緑を近くに感じるだけで、なんともいい気分になれるのだ。

おまけに僕がこれから向かおうとしている先には、素敵な出会いが待っていた。

修学旅行でディズニーリゾートに行く子どもたちが、僕の話を聞くのを楽しみにしてくれているというのだ。

ディズニーを卒業してからの僕は、ディズニーで学んだ「人が人を想う心」を原点に、ハピネスの種を届けるため全国を飛び回っている。

ふだんは企業や団体などでの研修や、年齢問わず誰でも聞けるオープンな講演をすることが多いけれど、その中でも僕も楽しみなのが中学生や高校生の子どもたちを前に、ディズニーの「そうじの神様」を通して学んだことを伝える時間だ。

先生方に呼ばれて、修学旅行でディズニーリゾートを訪れる生徒たちを前に、パークに行く直前、「夢をあきらめないこと」「自分の限界を決めない」「本当の幸せな仕事とは何か」といった話を、僕自身のディズニーにまつわる経験も交えて、ときにはおもしろおかしく、あるときは真剣な眼差しで話すのだ。

ただ単にディズニーのテーマパークをみんなと楽しむのもいいし、それだけでも思い出になる。けれど、せっかくの機会なのだからディズニーだからこそ体験して学べることも一緒に味わってほしい。そこには僕自身もそうだったように、きっと自分の人生を豊かにしてくれる「宝物」がいっぱいある。

そんな宝物の見つけ方、トレジャーハントのヒントになる〝地図〟を子どもたちに示すのが僕の役割だ。

地図というのは広大なディズニーのパークの中で「他のゲストが見ていない、こんなところを注目して見てごらん」「キャストにこんな質問をしたら、どう答えてくれると思う?」というように、ネタバレにならない程度に生徒たちがパークに入ったとき、発見や気づきのきっかけになる話のこと。

中にはやんちゃな生徒たちもいるが、やっぱりそれでも友達みんなとディズニーに行けるという期待感ワクワク感の中で、僕から初めて聞くディズニーの興味深い話に目を輝かせる子が多い。


その日も僕は、都心の中でも緑に囲まれて恵まれた環境にある旅館の大広間で、石川県から来た中学校の生徒たちに、とっておきの話をあれこれしていた。

そんな中で、あるひとりの女の子の様子が気になった。

「将来の夢がある人！」という僕から生徒への問いかけに、ひとりうつむいてしまった子。それが坂下加奈《さかしたかな》だった。

＊

「将来の夢がある人！」

大広間に響いた声にドキッとした。ニコニコ顔の講師の先生から振られた突然の問いに、みんながざわついた。

(将来の夢だって)

お互いに顔を見合わせたり、「めっちゃあるじゃん！」と笑いながら友達の手を持ちあげてる子もいる。それでも大広間に集まった生徒のほとんどが、みんなの様子を確認しながら手をあげていた。

よりによって、こんなときにいちばん聞きたくなかった「夢」という単語を聞くことになるなんて。

私は、ざわつきながらも照れ隠し半分でわざと大きなゼスチャーで手をあげたりしているクラスの子たちを横目に、ひとりだけとっさにうつむいてしまった。

明日は初めてのディズニー。ずっとずっと思い描いていた、私の将来の夢が待っていたかもしれない場所――。


金田さんという元ディズニーのオープニングスタッフで初代ナイトカストーディアル・エリアスーパーバイザーを務め、それからディズニー・ユニバーシティっていう教育部門で全キャストの教育もしていたという人の話は、思っていたよりもとてもおもしろかった。

鋭く尖った鉄のように見える装飾が、万一のことがないようゲストの安全を考えて、じつはゴムでできてるんだとか、パークに何気なく置かれていると思っていたゴミ箱（トラッシュカンって言うらしい）も、じつは、ゲストが何かワゴンで買った食べ物

の容器をちょうど捨てたいなと思う場所にちゃんと配置されてたりするんだとか、知らなかったことがいっぱい。

それだけに、だんだん話を聞いているうちに、純粋にディズニーをみんなで楽しむ気持ちだったのが、やっぱりそれだけじゃ嫌だ、自分もそこで働いてみたいっていう想いが抑えられなくなってしまったのだ。

もう自分の中では、ディズニーは遊びに行く場所で、夢をかなえる場所じゃないって自分の想いに重たい蓋《ふた》をしてきたはずだったのに……。

みんなには言ったことないけれど、私の将来の夢はディズニーのキャストになること。それも「ほうきの魔法使い」になれるカストーディアルキャストというのが、ずっと自分の中に秘めてきた夢だった。

いつからなのかはよく覚えてない。たぶん、そのころ好きだったアイドルが出演していたテレビでディズニーのことをやっていたときに、白いコスチューム姿のカストーディアルキャストがほうきを自由自在に操って、地面のキャンバスにミッキーやグー

フィーの絵を描く姿に「わぁ、すごい！」と思ったのが最初。

しかも、それが立派な仕事になってるなんて、本当に夢みたいだと思った。それまで大人になったらどんな仕事をしたいとか、夢や憧れなんて持ったことがなかったのだから。

小学校のときも「職業調べ」の学習の時間で「将来の職業」について作文を書いてみましょうと先生に言われて、1行も書けなかったのは未だにちょっとしたトラウマみたいになっている。

もちろん、私だってもっと小さいころはふつうに「ケーキ屋さん」とか「お花屋さん」みたいに、小さな女の子ならみんな一度は思い描くような職業をいいなと思っていたこともあった。

それから高学年になって、もう少しみんなリアルな職業（インテリアデザイナーだとか、保育士だとか）を思い描くようになったけれど、私は逆にどんな職業にも夢が描けなくなっていった。私の家族が〝他とは違うこと〟がわかるようになってきたからだ。

＊＊＊＊＊

## ――5年前――

「加奈、お出かけするから早く用意しなさい！」

キッチンからお母さんの声が聞こえてくる。わかってる。お出かけしなくちゃいけないのも、ちゃんとパジャマから着替えて用意しなくちゃいけないのも。

だけど全然その気になれないのだ。お出かけが嫌なわけじゃない。両親と家族で外に行くのは好き。

それなのに私の中で、早く着替えて用意しなくちゃという自分と、でも家族で出かけたら、またいつもの目で見られるのが我慢できなくて逃げようとしているもう一人の自分が追いかけっこをしていて、いつまでもグルグルと同じところを回っているのだ。

「加奈！　本当に早くしないと置いてっちゃうよ！」

お母さんの声がさらにワンランク厳しくなる。べつに私だってお母さんを困らせたくてじっとしてるわけじゃない。でも、このままだと私が何かにいじけてるか、ただ母たちを困らせようとしてる子みたいになってしまう。そうじゃない。

家族でお出かけするのは好きだけど、弟を見る周りの人の目が気になって、だんだん悲しくなるのが嫌なだけなのだ。

そう。私の二つ下の弟、悠樹《ゆうき》を世の中の人は冷たい目で見てくる。

悠樹は生まれつき脳に障がいを持っていて、ふつうの子みたいに歩いたりしゃべったりができない。

家族で外に出かけても、子ども用のバギーに乗って移動する。バギーに乗っていても悠樹はじっとできないし、思ったように体を動かすことも難しい。だからどうしても周りからは「落ち着きのない子」のように見られるし、ふとしたときに突然大きな声を出してしまったりもして、近くにいた人から「この子、何?」っていうビクッとした顔を向けられたりもする。

だからといって「かわいそうに」とわかりやすく同情されるのも嫌だった。

どうしてそんなに冷たい目や同情で見られなくちゃいけないんだろう。子どもの私にとって、家族や知ってる人以外の世の中の大人がふしぎで悲しかった。

なぜなら、悠樹は私のたった一人の弟だからだ。だけど、子どもの私はそんな世の中の〝視線〟に対して言い返す言葉も勇気もなかったのだ。

最初は、自分たち家族だけ特別な目で見られることに納得できないような気持ちだったのが、だんだん「なんだか嫌」と感じるようになり、そのうち我慢できなくなっていった。

きっとそれは、自分たち家族が他の家族から浮いて見えてしまうことだったり、特異な目で見られることへの悔しさや恥ずかしさだったりも混じっていたのだろう。

楽しかったはずの家族でのお出かけは、いつの間にか私にとっては「嫌なこと」「避けたいこと」になってしまっていた。

買い物なんかで街に出かけると、どうしても行き交う人のぶしつけな視線が気になって早く帰りたくなってしまう。エレベーターに乗ったりしたときは、弟の悠樹が声をあげたりしないかと思ってすごく緊張する。

みんなで遊園地に行ったときのこともよく覚えている。

遊園地なら、来ている人たちもみんな楽しんでて、自分たち家族のことなんて気にしないだろうから悠樹も私たちも楽しめると思ったのだ。

だけど――。遊園地の入り口でチケット窓口の係の人に、悠樹のように体が自由に動かせなくてバギーのままでも大丈夫な乗り物を教えてもらおうとしたら、ちょっと表情が曇って「直接アトラクションの係の者に相談してみてください」と、ひと言。

なんだか、あまり歓迎されてないような気がした。

結局、悠樹は乗り物には乗らず、私が好きだったアイドルゲームのキャラクターショーを観るときも、お父さんと別の場所で待ってることになったりして、あまり集中できなかったのだ。

せっかく家族で遊園地に来てるのに、みんなで何か楽しめるというものがほとんどなかった。

それでも、屋外のピクニックエリアみたいな場所でみんなでお弁当を食べたときは悠樹も気持ちよさそうにしてたので、私もちょっと安心したしうれしかった。

まだ私も弟も小さかった頃、私だけは悠樹の仕草でわかることがあった。悠樹が何かしてもらってうれしかったときは、一瞬じっとこっちを見て親指を胸のところに当てて持ってくるようにするのだ。私はそれを弟からの「ありがとうのサイン」だと信じていた。

でも家の外で弟が「ありがとうのサイン」をしてくれることは、ほとんどなかった。私も少し大きくなってからは、あまり「みんなでどこか行こうよ」とお父さんやお母さんに言うこともなくなった。

学校では、周りの子から家族の話題にできるだけ触れられないよう気にするようにもなった。

中学生になってからできた新しい友達は、私に弟がいることも知らない。私が一切、そういう話をしないようにしたからだ。

他の子とは違う弟のことをうまく説明できないし、変にかわいそうという目で見られるのも嫌だった。

その代わり、自分でも意識して「明るいキャラ」を壊さないようにしていた。

みんなの好きなアイドルの話だとか、ネットで流れてくるおもしろい動画や新しいファッションやゲームの話を自分から積極的に振って「おもしろい子」と思ってもらえるようにした。

そんなふうにしていたら、絶対、家族のことで人に言えない何かを抱えているなんて思われない。

私の目論見《もくろみ》はうまくいった。とくに勉強ができるわけでもスポーツが得意なわけでもないけれど、私は明るいキャラを見事につくることができて、いつも私の周りには友達の輪ができるようになったのだ。

みんなが「加奈がいると楽しい。いないとつまらない」と言ってくれる。私もそんな友達の輪の中にいると、家族のことや将来のぼんやりとした不安を考えないでいることができた。

＊＊＊＊＊

「加奈……どしたの？　大丈夫？」

大広間で隣に座ってたクラスメイトが心配そうに私の顔をのぞきこんだ。

「ごめん、ちょっと苦しくなっちゃって。たぶんディズニーが楽しみすぎてテンション上がりすぎたんだよ」

そう言って私はなんでもないように笑ってみせた。大広間につくられた演台で金田さんも少し心配そうな顔をしているのが見えたので、私は金田さんにも同じように笑ってみせた。〝なんでもないです〟っていうように。

修学旅行で初めて行くディズニーランドが楽しみなのは本当のこと。昨日までは、本当に純粋に友達みんなとディズニーを楽しむつもりでいた。

だけど、元ディズニーのカストーディアルキャストで「そうじの神様」と一緒に日本のディズニーランドでそうじの文化を築き上げてきたという金田さんの話を聞いているうちに、ずっと蓋をしてきたはずの夢がよみがえってきたのだ。

ただ遊びに行くだけの場所じゃ嫌だ。やっぱり私はカストーディアルキャストになって「ほうきの魔法使い」になる夢をかなえたい。

だけど、それは現実的に無理……。

私の心の中に、しばらく会っていない弟の悠樹の顔が浮かんだ。

悠樹は今、小学6年生だけど、平日はリハビリができる施設にいて、そこから特別支援学校に通い、週末だけ自宅に帰るという生活を送っている。

両親は二人とも働いていて、自宅から特別支援学校に通うのが難しいためだ。

家族と少し離れながらも悠樹は自分なりにリハビリをがんばっている。弟自身はどう思っているのか、なかなかちゃんとしたコミュニケーションを取るのも難しくてわからないことも多い。

それでも一緒に家にいたときは、悠樹にとって私はかけがえのない「味方」のひとりだったはず。それなのに、結果的に弟と距離を取るようになってしまっている自分のことも嫌だった。

弟の存在に対して、自分でもどうしていいのかわからない感情が出てくるようになったのは、自分の家族が他とはちょっと違ってるんだということを意識し始めるようになってからだ。

うちの家族は、いろんなことを自分ではするのが難しい弟の悠樹を中心に回っている。それは仕方のないことで、悠樹だってそうなりたいって望んだわけではないこともわかってる。

私も悠樹のお姉ちゃんとして、弟が少しでも怖い気持ちや不安な気持ちになったりしないように助けてあげられることはしてあげたい。両親も、いろんな場面で私がいてくれて助かるよって感謝してくれる。

自分が小さかったときは、そんな私たち家族のことをそのまま自分でも受け止めることができていたのだ。

それが、自分も高学年になり中学に入るにつれて、だんだんと「不安」になってきた。それまでは弟の不安な気持ちを考えてあげられていたのが、このままだったら将来の自分はどうなるのだろうという気持ちがもたげてきた。

今はまだいい。だけどいずれ自分が大人になって両親が年老いたら、弟の面倒は私が見なければいけなくなる。だからきっと結婚とかも簡単じゃないって考えてしまうし、地元を離れてディズニーのキャストになるなんて初めからかなわない夢なのだ。そう思うと涙が出てきそうになった。


友達となんでもない話をして笑ったりふざけたりしてるときに、ふと友達の誰かがアイドルが変なことをしてる画像を見つけて、「ヤバい、うちの弟とマジ似てる」「うちの弟も、すぐこんなことするんだよね」みたいなことを言ったときにもドキッとする。そう言えば、加奈って兄弟いないんだっけ？　みたいな展開にならないでほしいって心の中で願って胃が小さく痛んだ。

弟の話に触れることは、私の将来の不安にも触れること。いつしか、自分の中でそんな見えないセンサーが張り巡らされていった。

家でも学校でも極力、弟のことや将来の話は避ける。そうすることでしか自分から将来の不安を遠ざけておく方法がないような気がした。

――ディズニーランド当日――


「ねえ、すごいね！」

「ほんとにキラキラしてる！　見て！　シンデレラ城、本物だよ！」

修学旅行でやってきた初めてのディズニーランド。クラスのほとんどの子たちも初めてか、家族で来たことがあっても小さい頃のことだったりするので、みんなのテンションの上がりっぷりもなかなかのものだった。

私も、昨日は金田さんの話を聞いて、一瞬、自分の夢を思い出して苦しくなったけれど、やっぱり実際にパークの中に入ってみると、そんなことが吹き飛んでしまうぐらい楽しい空気にあふれていた。

みんなで真っ先に「タウンセンターファッション」に入って、おそろいのミニーちゃんのカチューシャも買って身につけた。リボンにも耳のところにも星がデザインされていてすごくかわいい。

おそろいのカチューシャで写真もいっぱい撮って、そのたびにちょっと変顔もして笑わせるのは私の担当。

修学旅行ではいつものグループとは違って、修学旅行用の班をつくって班行動なので、あまりしゃべったことのない子もいる。だから余計に私の役割は重要だった。楽しい空気を壊さないためにも。

私はいつもの明るいキャラに戻り、ディズニーの楽しい空気をいっぱい浴びて最後まで楽しめるはず――だった。

「ねえねえ加奈、あれ乗りたい！」

修学旅行で久しぶりに同じ班で行動することになったヒカリが私の腕を引っ張りながら言った。

ヒカリが指差したのは「アリスのティーパーティー」のアトラクション。くるくる回るティーカップに乗る回転系のアトラクションだ。

ヒカリは小学校のときも同じクラスだったけれど、なんでもぐいぐい聞いてきたり、あれこれおせっかいを焼こうとするので正直ちょっと苦手な子だったのだ。とくに、友達みんなの兄弟のこともやたらと知りたがって、私にも「本当は兄弟いるんでしょ?」と何度も聞いてきたことがあって、だんだん距離を置くようになった。

もちろん悪気があってじゃなく、誰とでも仲良くなりたくてそうやってるのもわかってたけど。

ヒカリが子どもみたいにはしゃいでるので班の他の子たちも、苦笑しながら「はいはい」と半分子どもをあやすみたいに、それでもそんなノリも楽しみながら「アリスのティーパーティー」に向かう。

その中で私の足取りだけが重たかった。

「ごめん、私、これダメなやつ。みんなで乗ってきて。待ってるから」

アトラクションの前まで来たときに、私は言った。

「えっ、なんで？　こんなのそんな激しくないじゃん。くるくる回るだけだよ」

「そうだけど……」

激しいアトラクションで言うなら、ビッグサンダー・マウンテンやスター・ツアーズなんかのほうがよほどスピードもスリルもある。そっちは大丈夫だったのに、どうして「アリスのティーパーティー」がダメなのか友達はふしぎに思ったみたいだった。

たしかに、他のアトラクションに比べたら、全然激しくなんかない。だけど私は乗れないというか、乗りたくなかった。弟の悠樹のことを思い出すからだ。

小さいころに家族で遊園地に行ったとき、似たようなカップが回転する乗り物を悠樹が異常に怖がってパニックになったことがあったのだ。

もちろん、悠樹が乗ったのではなく、私とお母さんが乗ってるのを悠樹が見ていただけ。なのに、それまで見たことがないぐらい悠樹がおびえて激しく興奮して大パニックになってしまった。

そのときのことを思い出すと、私は今でも震えそうになってしまう。あのときは、そのまま悠樹が死んじゃうんじゃないかと思って大泣きしてしまった。

それ以来、私は「アリスのティーパーティー」のようなカップの回転する乗り物に乗るのも、誰かが乗ってるのを見るのも怖くて避けてきたのだ。


「ほんと、ごめん」

「えーっ、せっかくみんなで乗って回ってる写真撮りたかったのに」

友達がふくれた顔をする。

「なんか気分下がる」

「……ごめん」

「いいよ、加奈。ってか、もしかしてさ、うちらと一緒の班嫌なんじゃないの？」

ずっと黙っていたヒカリが言う。

「そんなことない」

「そんなことあるよ。ほんとは嫌だから、一緒に乗りたくないんでしょ」

「ちょっと、なにもめてんの」

「だって加奈がさぁ」

本当のことを言えればこんな空気にもならなかったのかもしれない。だけど、ヒカリがいるところで「じつは、弟がこうで」だなんて私がカップの乗り物に乗れない理由を話して、余計におかしなことになるのも嫌だった。

ともすれば、昔、ヒカリに私の家族のことを聞かれたときに「隠してた」みたいになってしまう。そういうつもりじゃなかったけれど、他人から見たらそう思われても仕方ない。

結局、「アリスのティーパーティー」にみんなは乗ったけれど、なんとなく微妙な空気になって、それからの時間は心から楽しめなかった。

修学旅行が終わり、クラスの中の空気も変わっていった。いろんなものが高校受験に向かって流れていく。そんな空気だ。

私が感じた空気の変化はそれだけではなかった。ディズニーランドでの一件があって

から、友達ともなんとなく距離ができた。露骨に仲間外れにされるとかではないけれど、もう以前みたいに仲のいい感じではなくなっていた。

けれど私はそのことをあまり気にしないようにした。むしろ、あえて明るいキャラをつくらなくてもいいので少し楽だったかもしれない。

淡々と季節が巡る中で、私は余計なことを考えないようにして、自分が進みたい高校に受かることだけを考え、学校が終わってからも少し離れたところにある町の図書館に通って勉強を続けていた。

そこで勉強していれば友達と会うこともないし、自分の世界に集中していられる。そうやって私はひたすら勉強に自分を追い込んだ。友達のことも、弟のことも、そして自分の将来や夢のことも考えないでいられるように。

＊＊＊＊＊

## 2017年　3月

「あった！」

「おー、あったあった！」

受験生たちが抱き合いながら跳びはねたり、涙を流しながらスマートフォンで自分の受験番号が載っている合格発表の掲示板を写真に撮ったりしている。

高校の合格発表の日。私はひとりで自分の番号が貼り出された掲示板を確認して、心の中で小さく「よかった」とつぶやいた。

ずっとずっと勉強だけをし続けた中学生活最後の半年。もうだんだん、受験が近づくころには受かる気しかしないようになっていた。

あれだけやったのだから、と冷静に自分の番号を見つめ、クラスの先生にも事務的に連絡して、両親にも「受かったから」とだけスマートフォンでメッセージを送った。

「ただいま」

家に帰ると、なんだかちょっとだけ家の空気が違う。いつもなら、そのまま階段を上

がって2階の自分の部屋に行くのだけれど、リビングのほうに何か気配がした。

なんとなくリビングのドアを開けてみると、弟の悠樹がいた。

「悠樹!? 今日、平日なのにどうしたの?」

この数か月、弟が土日に帰ってきていても、ほとんど自分からは顔も見ずにすれ違うように図書館に出かけていたので、ものすごく久しぶりに会ったような気さえする。

「あ、おかえり……おめでと」

家の裏庭にいたらしい母が、リビングに入ってきて私を見つけて言った。

「お母さん、今日って悠樹どうしたの? 平日なのになんかあったの?」

私は母にたずねた。

「なに言ってるの。加奈のために帰ってきたんでしょ」

「私の?」

「受かったじゃないの、高校。だから悠樹もお姉ちゃんのお祝いにって」

「ほんとに?」

びっくりして悠樹の顔を見たら、やさしい表情で「そうだよ」って言ってるように見える。
そういえば、こんなふうに弟の顔をちゃんと見たのっていつぶりだっけ……。私は、自分を取り巻く家族の現実や将来のことを考えたくなくて、悠樹ともずっと距離を取ってきたことを今さらながら思い返した。

その日は家族が私のためにささやかだけど合格祝いをしてくれた。もちろんうれしかったのだけれど、こんなに自分のことしか考えてない私のために、家族がお祝いしてくれるなんてと思うと、どこか素直になれない自分もいた。
ちょっと前までの私だったら「いいよ、私のことは」って逆に反発していたかもしれない。だけど、高校に合格できたことと、悠樹が本当に「お姉ちゃん、よかったね」という表情をしてくれたのを見て、なにか自分の中でどうしようもなかった気持ちの結び目が少しゆるんだのだ。

「加奈と悠樹にプレゼントしたいものがある」

食事のあとで珍しく父がそんなことを口にした。

「これなんだけど」

父が白い封筒のようなものをテーブルの上に出してきた。

「開けていいの？」

父と母の顔を見ながら封筒を開けてみると、中に入っていたのは思いがけないものだった。

「え、なんで!?」

家族分のディズニーランドのチケット。私は思わず両親の顔をまじまじと見つめてしまった。ここ何年も家族で一緒にどこかに遊びに行くなんてなかったからだ。

「春休みだから難しいかなと思ったけど、なんとかホテルも取れたの」

母も笑顔で言った。両親はずっと仕事が忙しかったのと、悠樹も施設から学校に通っていたりして、なかなか家族みんなで過ごせなかったことを気にしていたらしい。

「加奈、ディズニー好きだったんじゃないの？」

私が微妙な表情をしているのに気づいたのか、母が言った。

ディズニーという言葉を耳にしただけで、なんだか少し胸が苦しくなった。

もちろん、ディズニーは大好きな場所。だけど今は、別の感情もそこに押し寄せてくる。

修学旅行で行ったディズニーで友達と微妙な関係になったこともそうだし、何より私がカストーディアルキャストになりたかったという夢と、将来、年老いた両親に代わって私が弟の面倒を見てあげないといけないという現実がせめぎ合ってきて、どうしていいかわからないのだ。

父は、私が受験が終わったばかりで、張り詰めていた緊張がまだほぐれていないのだろうと言い、私もあいまいにうなずいた。

「じゃ、いいよね。ちょうど来週ね。加奈、他の予定入れちゃダメよ」

母がそう言って、悠樹にも「楽しみだね」と微笑んだ。なんだか私より母と悠樹がディズニーを楽しみにしているような気さえしたけれど、ここで私が「行きたくない」とはとても言えない。

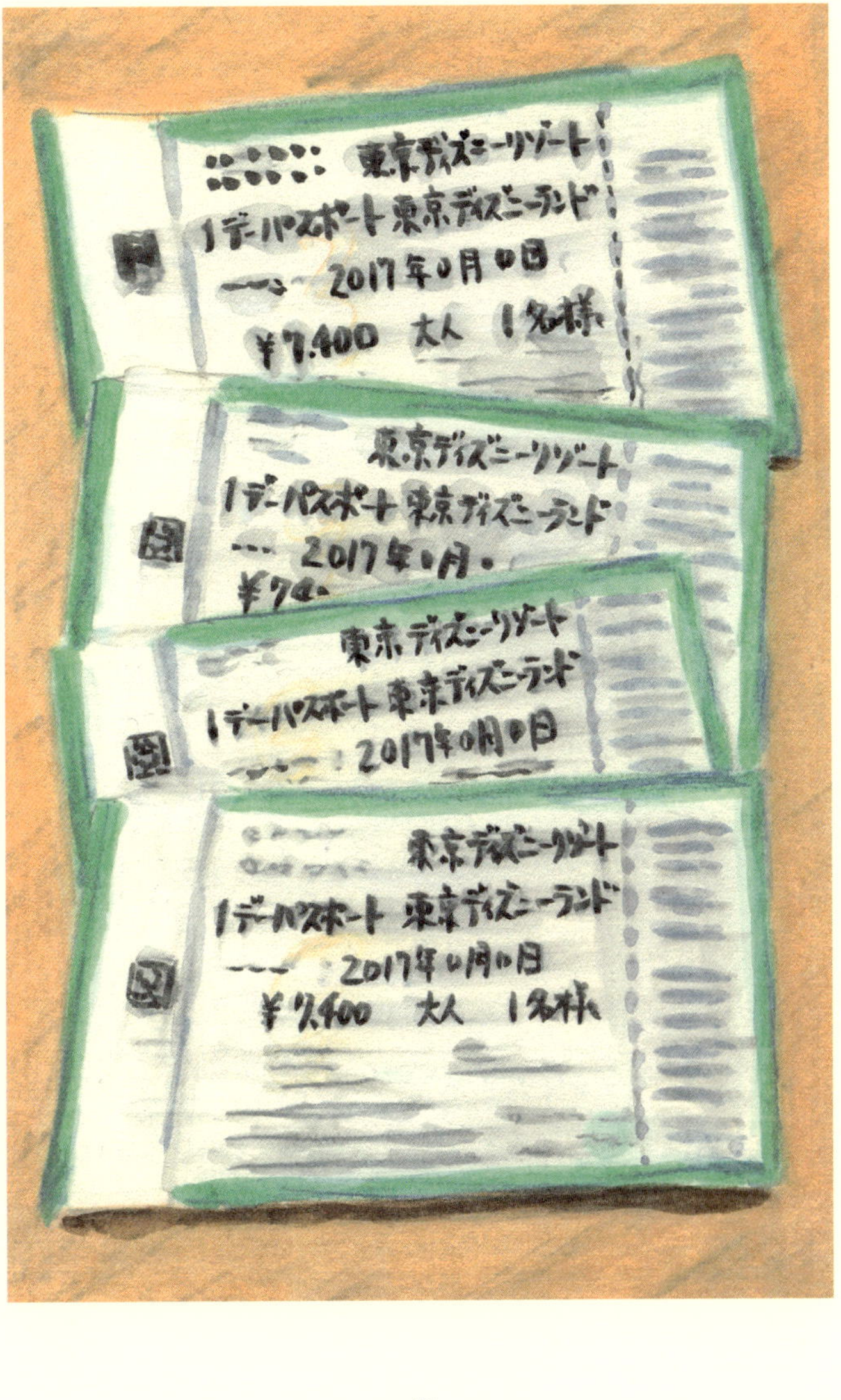
東京ディズニーリゾート
1デーパスポート 東京ディズニーランド
2017年0月0日
¥7.400 大人 1名様
東京ディズニーリゾート
1デーパスポート 東京ディズニーランド
2017年0月
東京ディズニーリゾート
1デーパスポート 東京ディズニーランド
2017年0月0日
東京ディズニーリゾート
1デーパスポート 東京ディズニーランド
2017年0月0日
¥7.400 大人 1名様

悠樹もパーク内では車いすで移動するのだから、私が一緒に行かないと大変なのもわかってる。

私は自分でもよくわからない気持ちを抱えたまま、家族とは初めてのディズニーに行くことになった。


――1週間後――


春休みに入ったディズニーランドは平日でもとてもにぎわっていた。

途中で何度もサービスエリアに立ち寄って休憩しながら、すごく時間をかけて車に乗ってやってきたので、ちょっと大変だったけど、それでもディズニーランドに入ったとたんに、そんな大変さを忘れさせてくれる楽しい空気があふれている。

ワールドバザールに入ってすぐに、どこからか軽快なピアノの音が聞こえてきた。音の聞こえる方向に少し人だかりができている。

何かを取り囲むようにしている人の間から、白いピアノを弾くチェックの赤いシャツの外国人の男の人が見えた。

「ねえ、あれ、なんだろね？」

母が私と父を見て言う。この前、修学旅行で来たときには私は遭遇《そうぐう》していなかったのでわからない。よく見ると、白いピアノには大きな自転車の車輪みたいなものもついていて、くるくると回ったりして走りながら演奏しているのだ。

「ね、ね、もっと近くで聴こ。せっかくなんだから」

母が私と、悠樹の車いすを押している父に言う。こういうときの母はどっちが連れてきてもらってる側なのかわからない。

「だけど、悠樹大丈夫かな」

私が心配していると父は、悠樹はお父さんとここで見てるからお母さんと行ってきなさいと言ってくれた。

ちょうど近くにいたキャストの人にたずねてみると、この変わったピアノは「バイシクルピアノ」というアトモスフィア・エンターテイメント（パークの雰囲気を盛り上げ

ゲストを楽しませる小規模なショー）のひとつらしい。

三輪自転車にピアノをのせて、ラグタイムピアノという昔のアメリカで流行した陽気な演奏スタイルでゲストとやりとりしながら盛り上げるのだそうだ。

私も知っている曲の演奏が終わったときに「バイシクルピアノ」を演奏していた外国人のエンターテイナーの人が、くるっと向きを変えて、私と母のいる先を見つめ微笑んだ。

なんだろうと思って私も振り返ると、車いすに乗った悠樹がこっちをじっと見つめているのだ。

悠樹の視線の先にあるのは「バイシクルピアノ」と外国人のエンターテイナーの姿。これまで、そんなふうに外で弟が何かを興味深そうにじっと見つめている様子をほとんど見たことがなかったので驚いた。

（悠樹、怖がってるのかな。いや、違う）

すると「バイシクルピアノ」に乗ったエンターテイナーさんが悠樹のほうに手を振りながら近づいていく。

母が悠樹のほうに行こうとしたので、私は母の腕をつかんで引き留めた。

「お母さん、ちょっと待って。悠樹、今、あのピアノの三輪車の人となにかしゃべってるみたいだから」

「えっ？　だって……」

母は怪訝《けげん》な顔をした。心配するのもわかる。悠樹は知らない人が近づいてきたりするだけでも怖がったりすることがあるからだ。それに、悠樹はちゃんと言葉に出してなにかを話しているのでもない。

だけど私には、そのときの弟の姿は、自分にすごく親近感を感じてくれている何かとコミュニケーションしているようにしか見えなかったのだ。

母と私がじっと車いすに乗った悠樹を見つめる。車いすに寄り添って立っている父も「なにが起こるんだ？」という顔をしながらも、近づいてくる「バイシクルピアノ」を見つめている。

「バイシクルピアノ」は悠樹が乗った車いすのほんの1メートルぐらい前まで来て停まり、悠樹に帽子を取って映画で見るみたいなあいさつをした。そして、ピアノから身を乗り出すようにして悠樹に何か話しかける。

（……どうしよう）

エンターテイナーさんは、悠樹が他の子たちみたいにうまくコミュニケーションができないことを知らない。さすがに私は、ちょっと心配になった。

ところがエンターテイナーさんは、なにやら悠樹に向かって「OK！」という感じのサインを出して、また少しくるっと向きを変えてピアノの鍵盤《けんばん》に向かう。

ほんの一瞬、じっと鍵盤を見つめるような沈黙のあと、エンターテイナーさんが弾き始めたのは「星に願いを」。ディズニーアニメ『ピノキオ』の主題歌で私も大好きな曲だった。

小さいとき、なぜか『ピノキオ』のアニメだけは悠樹も好きなようで、ふたりで観ていた記憶がある。

まさか、悠樹がリクエストをしたのだろうか？　エンターテイナーさんは悠樹や周り

のゲストに笑顔を振りまき、いろいろおもしろいことを言って声を掛けながら、ほとんど鍵盤も見ずにメロディーを奏でている。

「ハーイ！　タノシンデマスカ？」

そのとき悠樹が、少しアップテンポにアレンジされた「星に願いを」の曲に合わせるかのように、笑って一瞬だけ腕を振ったのだ。


隣にいる母が私の手を取って、びっくりした顔をしながら何かを言いたそうにしている。その気持ちはわかる。家族以外の大人とほとんどコミュニケーションが取れなかった弟が、初めて出会った、しかも外国の人と気持ちを通じ合わせたのだ。

なんだか大げさではなくて、世界が変わったような気持ち。こんなことってあるんだ！

両親も驚きで笑顔と涙が混じった表情をしている。もう、これだけでディズニーランドにみんなで来られてよかった気がした。

演奏が終わり、私たちはすごく満たされた気分で、そのままワールドバザールを抜けて、隣のトゥモローランドのエリアに入っていった。

そうだ！　スティッチ！

私は修学旅行では微妙な空気になって行けなかった『スティッチ・エンカウンター』のアトラクションに入りたいと思った。いつもだと悠樹はやめておこうってなるけれど、今なら大丈夫な気がする。

さすがに人気のアトラクションだけれど、ちょうどラッキーなことにそれほどの待ち時間でもなく並ぶことができた。

『スティッチ・エンカウンター』の中にあるスティッチ・モニターステーションと呼ばれるルームにみんなで入る。

ここで、ガントゥっていう邪悪なエイリアンの宇宙船に忍び込んだスティッチが無事に地球に帰れるようにゲストのみんなで誘導して救出するのだ。

「ガントゥはやっつけた」「でもコンピューター壊された」「スティッチ迷子。地球に帰れない」

そんなスティッチに脱出用のプログラムが送信され、地球に帰るまでの間に、スティッチはスティッチ・モニターステーションに集まったゲストと友達になろうとする。

大きなスクリーンに映し出されたスティッチは本当に、ステーションのゲスト一人ひとりのことが見えていて、いろんな会話をしてくれるのだ。

そのたびにステーションは笑いに包まれ、ときには爆笑も巻き起こる。そんな中で最初はふしぎそうにしていた悠樹がだんだん落ち着かない感じになってきた。

スティッチが、悠樹の近くにいた同い年ぐらいの男の子の特徴を言って指名した瞬間、悠樹が我慢しきれないように大きな声を出した。何かを怖がっているような声で叫びながら、ここから出たそうにしている。

「えっ、何、何?」

周りにいたゲストもびっくりして私たちを見る。このままだと他のゲストにも迷惑になるし、何より悠樹がパニックになってしまう。

私たちは、これからスティッチの地球への帰還の戦いが始まろうとしているところでアトラクションを退出することにした。

耳の奥にさっきの、なんとも言えないざわつきが残っている。そして、周りのゲストが動揺して悠樹と私たち家族のほうを見たときの、あの感じも。

すぐにキャストの女の人が私たちのところに駆け寄ってきて「大丈夫ですか？」と声をかけてくれた。

アトラクションの外に出たことで悠樹も安心したのか、少し落ち着いたみたいだったけれど、代わりに私がなぜか涙が出てきた。

そう、誰も悪くない。スティッチだって本当に私たちと仲良くなりたいと思ってゲストに声を掛けてくれたのだ。びっくりして悠樹や私たちに「何？」って顔を向けたゲストの人たちも突然、近くで大きな叫び声がしたのだからそうなっても仕方ない。

全部わかってる。けれど、どうしようもなく悲しくて涙があふれてきた。

どんなに楽しい場所で楽しい時間があったって、こうやって現実に連れ戻されるんだ。

私が泣いていると、いつの間にかキャストのお姉さんがそばに来て「悲しい想いをさせてしまってごめんね」と頭を下げた。

（違うんです。キャストの人があやまらなくても——）

心の中ではそう言いたいのに言葉が出てこない。私は、母が差し出してくれたハンドタオルで涙をふきながら顔を横に振って「大丈夫です」とだけ、なんとか伝えた。ひどい顔と声になったのが恥ずかしかった。

「最初にちゃんとお伝えできていればよかったのに、本当に申し訳ありません……」

キャストのお姉さんは両親にもそう言いながら、何かを取り出して私に手渡してくれた。

（えっ、これって……）

ミッキーのシール！

シールの中のミッキーも笑っていて、私に「もう大丈夫だよ。何して遊ぶ？」と言ってくれてるみたい。

ミッキーの笑顔とキャストのお姉さんが重なって、なんだかそれがまぶしくて私も半分照れたように笑った。

そんな私を見て、キャストのお姉さんも微笑んでくれた。

私が笑ったのでもっと安心したのか、悠樹もさっきまで怖そうにしていたのが嘘みたいに私とキャストのお姉さんをやさしい顔で見ている。


キャストのお姉さんが、ふと何かを思い出すような顔をしながら私の横でしゃがんだ。


「そうだ、お姉ちゃんと弟くんのために、いいこと教えてあげるね」

キャストのお姉さんが私にそっと耳打ちした。

「ちょっと悲しいことがあったとき、また元気になれる魔法。知りたくない？」

「……魔法？」

「そう。私もたまに使うの。あのね――」

キャストのお姉さんが教えてくれたのは、ある意味で意外な魔法だった。

それは誰でも簡単にできることだけど、でも簡単な分だけみんな気づいてないのかもしれない。

私は、すぐにその〝魔法〟を使ってみたくなって、キャストのお姉さんにお礼を言って駆けだしそうになった。

ふしぎそうな顔をしている両親と悠樹に「今から、いいとこ連れてってあげる」と言い、顔を見合わせる両親と私を見上げるように何か言いたそうな悠樹の先頭に立ってパークを歩き始める。

春の光に満ちたパークは朝よりさらににぎやかになって、何かのお祭りのよう。さっき、あんなに悲しくて落ち込んだ気持ちだったのが嘘みたいに晴れ晴れとした気分だった。

それもこれも、さっきのキャストのお姉さんとシールの中で私を励ましてくれたミッキーのおかげ。

本当にディズニーってすごいなと私は思った。だって、目に見えない「心」にそっと寄り添って、心が泣いていたら励まして、また笑顔にさせるのだから。

悲しかったり、不安だったりするときに、誰かと「心がつながってる」って感じられることほど心強いものってない。キャストのお姉さんは、もしかしたらそのことを私と悠樹に気づかせてくれたのかもしれない。そんなの誰もわからないけど、きっとそうだと私は思った。


やってきたのは『蒸気船マークトゥエイン号』。「この船に乗ると何かあるの？」と母が謎解きでもさせられてるみたいな顔で言う。

「いいから乗ろうよ！」

私はみんなを引率するみたいに乗船口に向かう。

私たちを乗せたマークトゥエイン号はゆったりとアメリカ河を進み始める。自然の緑があって、水面に春の光がやさしく反射して、それだけでなんだか本当に知らない土地に旅に出たみたいな気分。

しばらくすると、どこからか汽笛《きてき》の音が聞こえてくる。

「ねえ、悠樹、今からお姉ちゃんと一緒に魔法を使ってみようよ」

私はしゃがんで悠樹の腕をそっと取る。目の前をウエスタンリバー鉄道の汽車が通って行く。

悠樹の腕を取りながらウエスタンリバー鉄道の汽車に乗っているゲストに向かって手を振ると、向こうのゲストも笑顔で手を振り返してくれた。それもひとりだけじゃない。何人も何人も。

(あのね——元気になれる魔法っていうのは、自分から誰かに笑顔で手を振ることなんだ)

『スティッチ・エンカウンター』のキャストのお姉さんが教えてくれたことを思い出す。

キャストのお姉さんは私にこんなふうに言ってくれた。

自分が悲しいとき、ちょっとつらいときほど自分から笑顔で誰かに手を振ってみ

る。そうしたら、必ず誰か同じように笑顔で手を振り返してくれるから。すると、たったそれだけのことなのに、魔法みたいに自分が癒されて元気になれるんだって。

お姉さんが教えてくれたことは本当だった。

見ず知らずのゲスト同士なのに、お互いに手を振り合ってまるで昔からずっと知ってる誰かに再会したみたいな気持ちになってくる。ふしぎ……。

私はわけもなく胸がいっぱいになった。人って、こんなにやさしくてあったかいものなんだ。

気がついたら、悠樹もぎこちなくだけど、自分で手を振ろうとしているような動きをしている。今まで見たこともないような楽しそうな表情をしながら。

私は自分の心の中の負い目がやさしさでそっと手当てされたような気持ちになる。そして「ハッ」と気づく。

もしかしたら悠樹も、本当はいつも自分から笑顔で手を振ろうとしていたんじゃないか。それがうまくできないだけで、悠樹だって同じように誰かを笑わせたかったり楽しい気持ちにしたいって思ってたのかもしれない。

これまで外出先でも「周りの人の好奇の目」「かわいそうに思われる目」はあったけれど、悠樹自身はそんなのは気にせず、ふつうにみんなと接したかったのだ。なのに、そんな目を気にしている私の姿に、悠樹自身も傷ついたり「僕のせいで」と悲しい気持ちになっていたのかもしれない。

（ごめん……悠樹）

そうなのだ。人って、みんなそのままの自分を精一杯出して生きたいって思ってる。だけど、自分の体のことや、自分のいる環境の中でうまく自分を出せないことだってある。

だからってそこに「自分」がない人なんていない。ちょっと隠れてて見えづらかったり、自分で表に出すのをためらっていたりするだけ。

こうやってディズニーランドで人と人が素直になったり、お互いの存在を認め合ったりしているのを実感するとそう思う。

私もやっぱり、そんなふうになりたい。

家族でディズニーに来るまで、ずっと私は素直じゃなかった。

本当は人と一緒にいることが好きで、人に楽しんでもらったり、人が笑ってるところを見るのが自分も楽しくて、だからそんな仕事をしたいってカストーディアルキャストになる夢を描いたのに、その夢を表に出すのをいろんな理由をつけてあきらめてしまっていたのだ。

弟の悠樹のことがあるから自分の夢を閉じ込めるなんて、逆に悠樹が悲しむ。

そうじゃないんだ。悠樹の存在があるからこそ私は、こんなふうにディズニーで人が人のことを想うやさしさや、人と人がつながる喜びに似た気持ちを感じることができた。

今度は私が、そんなふうに誰かの心を癒したり、素直になれるお手伝いをしたい。

だから――。


私は、涙をぬぐいながら悠樹と両親のほうに向き直って告げる。

「私がキャストになったら絶対、悠樹を連れてきて、また今日みたいに笑顔にさせるから」

すると、直接的なコミュニケーションがうまくできないはずの弟が、自分にははっきりとサインを送ったのだ。小さい頃に私にだけよくやってくれた、胸のところに親指を持ってきて当てる仕草で「あ、りが、とう」と。

たどたどしくではあったけれど、たしかに悠樹は私にそう伝えてくれた。私がびっくりしてその瞳をじっと見ていると、

「おねえちゃんの、ゆめ、かなうといいね。おうえんしてるから」と、瞳の奥から悠樹の声が聞こえてくるようだった。

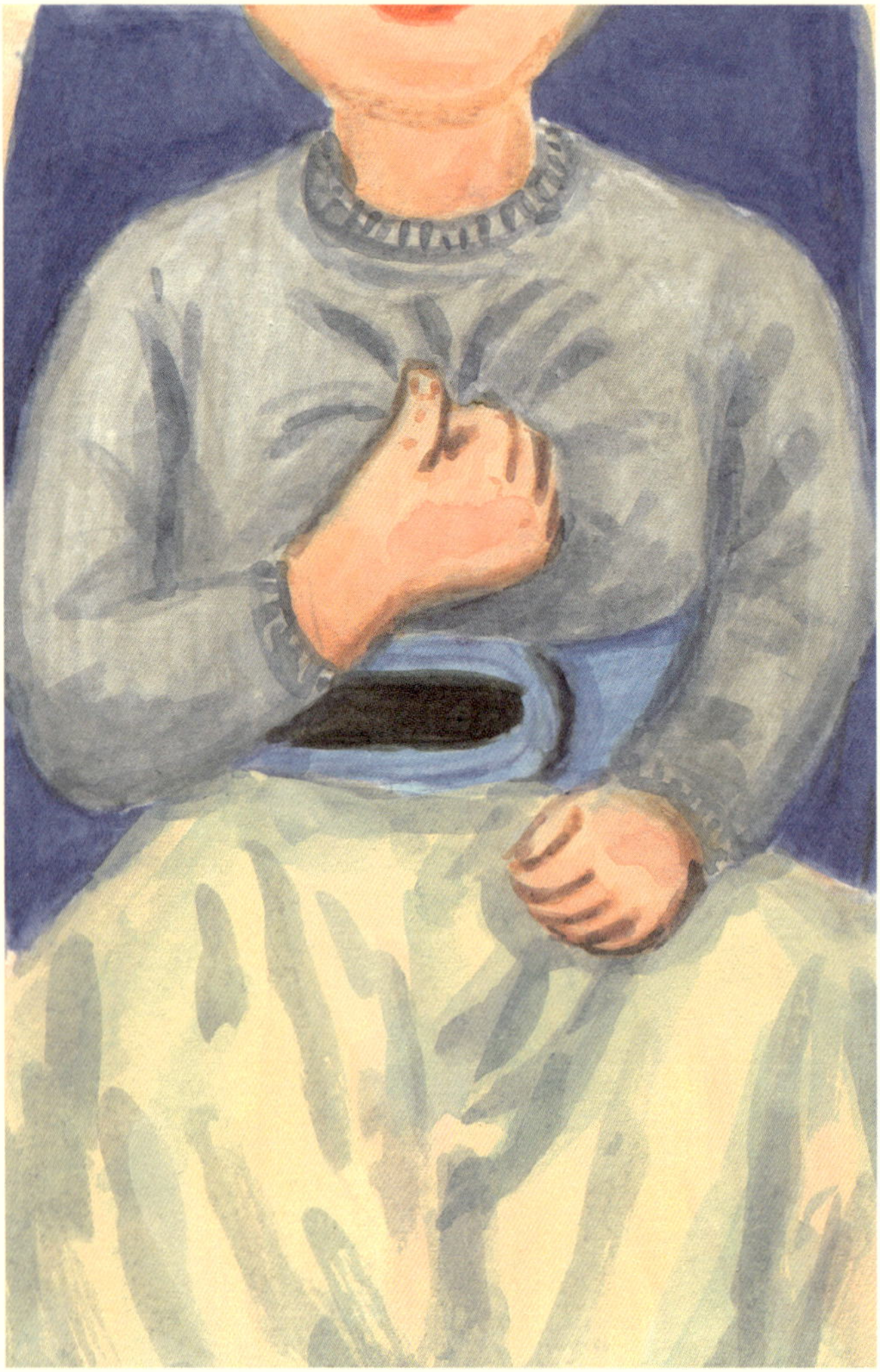

＊

いくつかの仕事関係の郵便物に混じって、僕の事務所に中学生ぐらいの字で書かれた手紙が届いた。

差出人を見ると、石川県の中学校名と坂下加奈という名前が記されている。先日、修学旅行でディズニーランドにやってきたときに僕の講演を聴いた生徒のひとりらしかった。

《あのとき、私は「将来の夢がある人！」という金田さんの問いかけに、うつむいてしまって答えられませんでした。

本当は私には、金田さんみたいにどうしてもかなえたい夢があります。それはディズニーでカストーディアルキャストになるという夢です。

でも私には——》

手紙には、それまでの自分の葛藤とディズニーで起こった弟との小さなミラクル、そしてその後の自分の決意がしっかりとした筆致《ひっち》で書かれていた。どうしても、このことを僕に伝えたくて、学校の先生に連絡先を教えてもらって手紙にしたのだという。

僕はその手紙を読み終えて、自分がその場に一緒にいたような、なんとも言えない清らかな気持ちになった。

ディズニーのキャストは誰に対しても平等に、みんなに笑顔で楽しんでほしいという純粋な気持ちを持っている。それが坂下加奈が経験した『スティッチ・エンカウンター』での出来事のように難しくなってしまっても、なんとかしたいという想いで接して寄り添ってくれる。

少なくとも僕がパークで一緒にやっていたときの仲間、僕が知っているキャストたちはみんなそうだ。

ゲストが悲しい気持ちでいたりしたら、自分も悲しくなってしまう。だから『スティッチ・エンカウンター』の女性キャストのように〝魔法〟で消し去って、嘘みたいに幸せな気持ちにさせてくれるのだ。

それはちっとも特別なことなんかじゃないと僕は思う。本来、人はみんなそんな力を持ってるのだけれど、その力を忘れてしまっているだけ。ディズニーという場所は、そんな人々の忘れていた「人と人をつなげる力」をよみがえらせてくれるところなのだ。

**『科学技術が進めば進むほど、人々は孤独になり、分離する。私は人々が互いに感動し、心が一つになる場所をつくりたいんだ』**

ディズニーランドの創始者、ウォルト・ディズニーはかつてこんなふうに語っている。そうなのだ。ウォルトがディズニーという場所をつくった源泉にあるものは、当時もすでに進み始めていた科学万能主義、効率最優先の世の中に対して、それだけでは満たされない大切なものをここで分かち合ってほしいという想いだったのではないだろうか。

僕は坂下加奈に、手紙を送ってくれたことへの感謝と大事な体験を手紙を通して共有させてもらったことの喜びを伝えるために返事を書いた。

もう僕はディズニーを卒業しているけれど、こんなふうにディズニーのふしぎな力で人と人が互いに大切なものを分かち合えたり、幸せな気持ちになれることが、どんなことよりもうれしい。

なぜなら、それはどんなにＡＩ（人工知能）などの科学技術が進化しても、人と人の間にしか生まれないものだからだ。

手紙の最後に僕は、こう書いた。


「過去は変えられない。未来は変えられる。がんばって！」


人はみんなそれぞれ、いろんなものを持って生まれてくる。あるいは、自分ではどうにもならない出来事に放り込まれることだってある。そのことで悩んだり悔しい想いをすることだってあるかもしれない。

だけど未来は自分次第で変えられる。ミラクルだって起こせる。

ディズニーの〝夢をかなえる神様〟はいつだって、そんな人たちを見守ってくれているのだから。

# 第2話

# 夢の音色

2017年　5月

僕の元には全国の中高生、ときには大学生からもいろんな相談が届く。あるときは手紙だったり、SNSからだったり。みんなディズニー大好きというところは共通しているのだが、それぞれの「夢」について悩んだり、壁にぶつかったりしているのだ。

高校1年の後藤《ごとう》光希《みつき》という女の子も、大人になることに夢を描けない、自分に自信が持てないのが悩みだった。

じつは光希は中学まで吹奏楽部に所属していて、ずっと金管楽器の花形トランペットを担当してきた。もともと引っ込み思案で人前に出るのが苦手だったけれど、トランペットと出会ったことで自分にも自信が持てるようになったのだという。

きっかけは、小さいころに観たディズニーのマーチングバンド。赤い飾り羽根のついた帽子を被り、いつも聞いていたディズニーメドレーを演奏する姿が、子ども心にも素敵に映ったのだ。

中学生になった光希は思い切って吹奏楽部に入ることにした。入部希望の話を両親にすると、内気な性格を誰よりわかっているだけに「続けられるの？」と心配されたけれど、「もう入部届け出したから」という、これまでになかった行動力に両親も驚き、OKをもらったのだ。

地区でそこそこ強豪だった中学の吹奏楽部は、光希が思っていたよりもハードだった。休みの日もコンクール予選に向けた練習や、いろいろな演奏会に参加するため、なかなかディズニーにも遊びに行けない。

でも、光希は「いつかディズニーでビッグバンドビートのようなレビューショーやマーチングバンドに出演できるようになるんだ」という夢を持ち、その日がくることを楽しみに厳しい練習にも耐えてがんばっていたのだった——。

＊

仲のいい友達とも同じ高校に進むことができ、高校でも吹奏楽部に入って部活を続けられる。昨日までそう思っていた。それなのに、一瞬でどうしていいかわからなくなってしまった。

お父さんがアルバイト中の事故で足をケガして入院してしまったのだ。

幸いなことに命にかかわるようなものではなく、手術してきちんとリハビリすれば後遺症もないということだったけれど、「まさか」のことが起こったのには変わりはない。

これまで勤めていた職場を辞めたばかりの転職活動中で、次の仕事が決まるまでの間、つなぎにということで知り合いの現場を手伝っていた最中の事故だった。

しばらく転職活動どころではなくなり、先の見通しが立たない中、本当だったら買ってもらえるかもしれなかった新しいトランペットの話が消えてなくなってしまったのだ。

もちろん私だって、お父さんがケガだけで済んだのには胸をなでおろした。「お父さんがケガして救急車で病院なんだって！」と連絡をもらったときには、「えっ」ってなったきり言葉が出なかったのだから。

事故、ケガ、救急車、手術……。悪いイメージしか頭に浮かばなかったけれど、家族から遅れて病室に入っていったときにお父さんは、「お、光希、ちょうどよかった。のど渇いた。自販機で飲み物買ってきてくれる？」と、足を医療器具で吊られた状態で私に言ったので拍子抜けした。

そうは言っても、お父さんが入院することになり、家族が大変なのには変わりはなかった。

お母さんも事務の契約社員で働きながらお父さんの入院先に行ったり来たりなので、家のことで私ができることはやらないといけない。中学生の弟や小学生の妹の細か

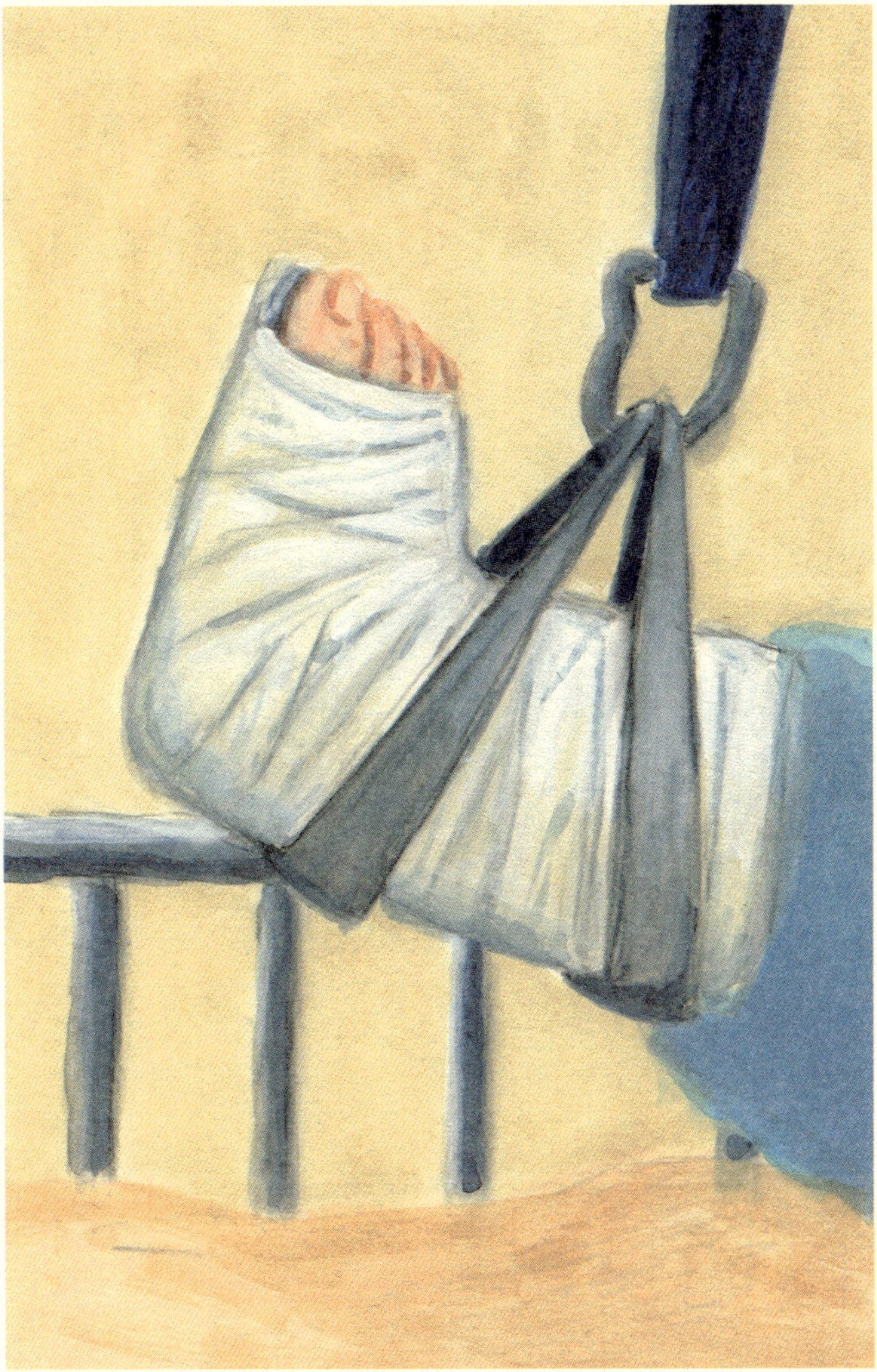

な面倒を見るのは私の役割だった。

でも、そこはそんなに負担ではない。いつもやってることだったから。それよりも気がかりなのはお金のことだった。

お母さんは「保険も出るから心配しなくて大丈夫」と言ってたけれど、手術や入院でそれなりにいろんなお金がかかっているのはそばで見ていてもわかる。それに、お父さんのケガが治って次の仕事に就けるまで、確実に収入が激細りするのだ。それにうちは、もともとそんなに余裕がないのもわかっていた。

お父さんの入院にかかわるあれこれの大変さと、家計のことが重なって、お母さんの表情にも、明らかに余裕がないのが見えるのだ。


「どうしたの光希……具合良くないの？」

お母さんとふたりで作り置きの料理をするためにキッチンに立っていると、私の表情が暗いのを心配してお母さんが言った。

「……大丈夫」

気持ち的には全然大丈夫じゃないけれど、口ではそう言うしかなかった。

いつ言おうか。心の中ではずっと考えていたことがあったけれど、やっぱり今はそれを言える状態じゃない。そう自分で自分に言い聞かせていたら、いつの間にか気持ちも重くなってきて表情も暗くなっていたのだと思う。

明日から新学期が始まる。私は高校生活がスタートするし、弟も中学で野球部のレギュラーになれそうだし、その下の妹は小学校最後の年で、最近ダンスをやりたがっている。

みんなそれぞれに、がんばってることとやりたいことがあって、いちばん上の私は応援してあげないといけない立場だ。

私も本当だったら、高校の吹奏楽部に入って早く先輩たちのレベルについていけるようになりたい。だけど、それには難題があった。

私が入った高校の吹奏楽部ではトランペットは自前なのだ。一式、自分で揃えると20万円以上もする。それにトランペットだからってなんでもいいわけじゃない。ある程度、高いレベルのものを持たないとみんなとも音のバランスが取れないのだ。

もちろん、お母さんにはずっと前からそのことを相談していて「お母さんが貯めてるお金から出してあげる」と言ってくれていた。

でも、お父さんがこんなことになってしまって、とても今は高価な楽器を買ってほしいなんて言えない。弟の野球部の活動だってお金もかかるし、妹だって本当はダンススクールに通いたいのを知っている。


「光希、あのね」お母さんが料理の手を止めて私に言った。

「トランペットのことだけど」

もう、そのひと言だけで何が言いたいかがわかった。

「……わかってる。いいよ、お母さん、無理しなくて」

「ごめんね……今は、ほんとにごめん。お母さん、ちゃんと光希のために取ってあったの。新しいトランペット買えるようにって。お父さんが退院してまた働けるようになったら、真っ先に光希のトランペット買ってあげれるから」

「うん」

私は、精一杯返事をした。お母さんの気持ちも痛いぐらいわかるから。だけど、今の私にとってはトランペットという相方を失うことは、そのまま自分の支えを失うようなものだった。

一緒に高校で吹奏楽部に入って、またトランペットやろうねって約束をしていた友達にもどう言おう。お父さんが事故で入院して、それで買ってもらえるはずだったトランペットが買えなくなったというのを、なんとなく言いたくなかった。

誰が悪いわけじゃないのに、そんなふうに言ったら両親を責めてるみたいな気がしたからだ。

ずっと悩んで、結局どう言っていいかわからなくて「私、吹奏楽辞めることにした」とだけ友達に伝えた。

当然、友達もびっくりして「どうしたの？　何かあったの？」と、すごく心配してくれたけれど、私は「トランペット嫌になっちゃったからいいんだ」としか言わなかった。

友達は、トランペットじゃなくても、他のパートでもやろうよって言ってくれたけど、申し訳ないぐらい私はそれじゃ意味ないって思っていて「ありがと。ほんと、ごめんね」とだけ言った。

もし、友達に本当のことを言ったとしても、冷静に考えてべつに吹奏楽そのものまで辞めてしまわなくてもいいじゃんって言ってくれただろう。私だって同じ立場ならそう言うと思う。

だけど、私にとっては、それぐらいトランペットは特別なものだったのだ。

ずっとずっと引っ込み思案で、人の前に立って何かするなんて考えられなかった私に力をくれた魔法のような楽器だったのだから。

＊＊＊＊＊

吹奏楽という居場所も、いつかディズニーでトランペットを演奏するという夢も、同時に失ってしまった私は、いったい自分がどうしたいのかわからなくなった。

でも、これが本来の自分なのかもという気がした。これまではトランペットが私に見

えない力をくれていて、それを失ったら夢から覚めたみたいに元の自分に戻ってしまったのだ。

周りの子たちを見ていると、みんな何か自分が力を出せるもの、楽しめるものを持っているみたいでキラキラして見える。とくに受験という重くて苦しいコートを脱ぎ捨て、高校生活という新しい服に着替えたばかりだから余計にそう見えた。

この先、自分は何を自分の力にして、何を目標にしていけばいいのだろう。考えようとしても、まるで空っぽになったお菓子の缶の中を手探りしているみたいに、何もつかめない。

かすかに、そこにそれまで詰まっていた甘いお菓子のかけらのような残り香が漂っているだけだった。

吹奏楽の部活の時間もなくなった私は、ぽっかりと空いたつかみようのない時間を持て余すばかり。だからといって他に何かやりたいという気持ちも起こらず、ぼんやりとスマホをいじって過ごしていた。

いつものようにスマホをいじってると、ふと、画面の「ディズニー」という文字が目についた。適当にページをめくっているうちに、いつもなら見ないようなブログにたどり着いていたらしい。

《ディズニーランドとデキシーランド・ジャズの話》

そこには元ディズニーの金田さんという人が書いた、ディズニーランドで活躍してきたデキシーランド・ジャズバンドについての記事が載っていた。

（……ディズニー）

なんだか久しぶりに目にしたその文字がまぶしかった。しかも、記事で取り上げられているのはデキシーランド・ジャズのトランペット奏者。

金田さんはディズニーで働いていたときから、その人の演奏が大好きで、個人的にも仲良くしていたのだという。

本当なら、今は、大好きなディズニーのこともトランペットのことも封印しておきたかった。だけど、ほんの数行読んだだけでその記事から伝わってくる、なんとも言えない温かさに触れてつい読み込んでしまった。

《――彼は20代のときに〝ジャズの原点〟とも言われるデキシーランド・ジャズを学びに移民船に乗って本場ニューオリンズで武者修行をしてきた。お金もなく、将来の保証も何もなく、あるのは本場で本物のデキシーランド・ジャズを身につけたいという強い想いと夢だけ。

毎日のようにジャズハウスに通って裏口から漏れ聞こえてくる演奏に耳を澄ます。入場料を払うお金がなかったのだ。

すると、小屋主の人が裏口の戸を開けておいてくれるようになった。開いている裏口から「勝手に」中の演奏を学べるようにと。夢や挑戦心を持って行動する人にアメリカという国は大きな心で接してくれる。その感謝の気持ちを持ちながら彼はディズニーランドでも演奏していたのだ》

会ったこともないジャズのトランペット奏者さんの話なのに、なぜか心がひかれる感じがした。うまく言えないけれど「わかる！」と思ったのだ。

もちろん、自分なんてそのトランペット奏者さんとは比べるのもおかしいぐらいの経験と技術しかない。足元にも及ばないようなピヨピヨな存在で、何が「わかる」のかって言われたら黙ってしまう。

だけど、どうしても自分にはこれしかないっていう想いを持ったとき、できるとかできないとかそんなことは関係なく気持ちが動く。その感覚は、こんな私にだってあったのだ。

気がついたら私は、このデキシーランド・ジャズのトランペット奏者さんの動画を探して見入っていた。

ディズニーに関係した場所で演奏しているものもあれば、全然関係なくみんなが聴けるような広場で演奏しているものもある。観客も大人から子どもたちまで、いろんな人たちがいる。お客さんたちもすごくリラックスしていて、軽快な音色に包まれて幸せそう。

勝手になんだかすごく専門的で厳しそうな人をイメージしていたのだが、全然そんなことはなく、みんなと一緒に本当に楽しそうな演奏をしている動画を観て、自分までその場所にいるような感じがした。

それまで自分を縛りつけていた何かがほどけるような感じがして、素直に「いいな」と思った。

トランペット奏者さんの自分に正直でまっすぐなところ。そして、自分が楽しい気持ちになって演奏して、その空気がみんなにも伝わっていくところ。

私はやっぱり、そんな人になりたいって思った。最初は憧れとか、トランペットが吹けるようになれば、自分が強くなれそうな気がして始めたことだけれど、やっていくうちにそれだけじゃなくなっていたんだ。

だから、やっぱり——。

私の中で、考えないようにしていたトランペットをやりたいという気持ちと、ディズ

ニーで演奏できるような人になりたいという夢が消えていないのがわかった。

だけど現実を変えて夢に近づくにはどうしたらいいのだろう。まだ今の私にはわからなすぎる。

それでも、デキシーランド・ジャズのトランペット奏者さんの動画を観ていると「大丈夫だよ」と励ましてもらってるような気がして、それだけが小さな支えだった。

＊＊＊＊＊

2017年　6月

高校でも部活に入らず、トランペットという自分の希望を心の中に隠すようにしながら、なんでもないように新しい生活が始まって2か月が過ぎた。

友達も、ふだんの学校生活ではなんとなく察して吹奏楽のことには触れないでくれている。でも部活の時間がだんだん濃くなって、友達がそっちに馴染んでいくにしたがって、やっぱりどうしても私の生活との濃淡を感じてしまう。

そんなある日のことだった。母にドラッグストアでの買い物を頼まれた。

「え、あそこのドラッグストアじゃなきゃダメなの？」

「ごめんね。ちょっと遠いんだけど。そこにしか置いてないみたいなの」

お母さんに頼まれた店は、以前私も何度か入ったことがあったけど、あまりいい雰囲気じゃなかったので印象が良くなかったのだ。

店員さんたちも、いつも厳しそうな表情で品出ししていたりして、レジに人がいないことも多かった。会計をしてもらいたくて「すみません！」と声をかけても、私が中学生だったからか、なんだか「ドリンクぐらいなら他で買えばいいのに」という面倒くさそうな顔をされたこともあったので、それ以来行かなくなったのだ。

それでもお母さんも他の用事があるのもわかってたし、父から買ってきてほしいと頼まれたものだっていうのもあったので、私は仕方なくお使いに行った。

店員さんに、「これどこに置いてますか？」って聞くの嫌だな。また面倒くさそうにされるかもしれないし。そんなことを考えながら入った店内で、ふしぎな光景を目にした。

何台か並んでいるレジの中で、ある1台のレジだけ明らかに他のレジより列ができているのだ。ふつうなら空いている他のレジに回るだろう。それなのになぜ？

私は、なんとなくその様子を眺めていた。

「こんにちは〜！　この前、買っていかれた新しいハンドクリームどうでした？」

「そうそう、あれやっぱりいいわよ。つけたままでも洗い物とかできちゃうから助かるの。いいの教えてもらってありがとうね」

「そうなんですね！　よかった！　小さいサイズのをキッチンに置いて使われてる人も多いんですよ。水仕事とかの前に塗っても大丈夫なので」

列ができているレジのお姉さんは、すごくいい笑顔でお客さんとそんな会話もしなが

ら、でも決してサボっているわけでもなく手際よくレジをしている。

見ていると、ただレジをしているだけじゃなく、お客さんの質問に答えたり、「それだったら、明日からの3個セットのほうがお得になってますね」といった買い物のアドバイスまでしている。

レジなんてただ機械的に会計をして決まったあいさつをして済ませるだけの仕事。そんなイメージだったから、そのレジの人はすごく新鮮で印象的だった。

この人だったら、頼まれた商品がどこに置いてるかってたずねても、嫌な顔されずに教えてくれるかもしれない。

そう思った私は、レジが途切れるのを待って、頼れるお姉さんといった感じのその店員さんに思い切って聞いてみることにした。

「あの……これと、この商品ってどこに置いてますか？」

お母さんが小さなメモに書いてくれたものを女の人に見せると、「あ、〇〇と〇〇ですね」と商品名を確認して、「お探ししますね」と、レジを別の人に頼んでわざわざ私と一緒に通路を歩き始めたのだ。

てっきり、商品の置いてありそうな売り場を口頭で教えてくれるのかなと思っていたので、一緒に探してくれることにびっくりした。

「たしか、ここですね――あ、ひとつはこれかな」

店員さんは、見つけてくれた商品とお母さんからもらったメモの商品名が一緒なのを確認すると、「よかった。ちょっとわかりにくいところに置いてあったので、ごめんね」と私に言った。

だけど、もうひとつの商品が見つからない。

「ちょっと待ってね」

店員のお姉さんは、そう言ってバックルームに行き、しばらくしてから「ごめんなさい」という顔をして急いで戻ってきた。

「ちょうど手違いで、この商品だけ切らしてるみたい。でも、これお母さんに頼まれてるんだよね？」

私もよくわからないけれど、入院してる父が必要なものなのだろう。困った顔をしていると「もうちょっとだけ時間もらっていい？」と店員のお姉さんが言った。

「あ、はい」

どうするんだろうと思いながらうなずくと、また小走りにバックルームに向かい、5分ぐらいしてから今度は「大丈夫！」という顔で戻ってきた。

「店長にも確認して、うちのお店じゃないんだけど、このちょっと先の別のドラッグストアさんに電話して聞いたら在庫あるって」

「えっ、でも……」

まさか、そんなライバルかもしれない別の店にまでわざわざ電話して問い合わせてくれたの？という驚きと、たった1個の商品のためにそこまでしてもらってどうしようというとまどいで、どう言っていいのかわからなかった。

「全然そんなの気にしないで。ほんとはちゃんとうちにあればよかったのに、ちょっと遠回りになるけどごめんね」

店員のお姉さんが、最後まで私のことを考えてくれていることがうれしかった。自分の買い物をしたわけでもないのに、なんだかちょっとだけいい気分になれたのだ。

それからは私も、自分の飲み物（値段もコンビニより安いのだ）を買ったりするときも、わざわざちょっと遠回りして、そのドラッグストアのお姉さんのいるレジに並んで買うようになった。

相変わらずいつも、すごくいい笑顔をしてくれて、それだけでも得した気分になれる。きっと、私みたいに高校生でいつもひとりで飲み物だけ買いに来る子が珍しかったのかもしれない。

私の顔を覚えてくれて「学校の帰りなの？」「このオレンジの炭酸のやつおいしいよね」と話しかけてくれるようになった。


ところが――。ある日いつものようにドラッグストアに寄ってみるとお姉さんがレジにいない。お休みなのかなと思ったけれど、次の日もまた次の日もいないのだ。

お店の他の人に聞いてみようかなとも思ったけど、それもなんだか変な気がして聞けなかった。

辞めちゃったのかな。あんなに楽しそうに働いてたのに。それとも他の店に移ってしまったとか。

しばらく私はドラッグストアの前を通るたびに、のぞきこむようにしてお姉さんの姿を捜したけれど、やっぱりもうレジには立ってなかった。

べつに友達とかでもなかったけれど、私は小さなさびしさを感じていた。


―― 1週間後 ――


友達との待ち合わせで、駅の近くのファストフード店に入ったときだった。

（あれ!?　あの女の人……）

半透明の衝立《ついたて》みたいなのが付いたカウンターの席に、見覚えのある女の人の姿があった。もしかしたらドラッグストアのレジのお姉さんかも。

だけど、笑顔で接客している姿しか見てなかったので、静かに何か手帳のようなものをめくりながら座っている女の人が本当にその人なのか、ちょっととまどった。

「あの……すみません」

私は人違いだったらすぐにあやまろうと思いながら、ドキドキしつつ思い切って声をかけた。

「Tっていうドラッグストアのレジの人ですよね？　違ってたらすみません！」

「えっ!?　あ……」

一瞬、お姉さんはやっぱりビックリした。でも、すぐに私に気づいてくれた。

「ごめんなさい、ほんと急にこんなところで。最近、お店で見かけないからどうしたのかなと思って」

「こっちこそ、ごめんね。びっくりしちゃって。でも、ありがとう。覚えてて声かけてくれて」

笑顔でそう言ってくれる姿を見て、お店にいたときと同じだと思ってちょっとうれしかった。

「今日はどうしたの？」

「あ、友達と待ち合わせなんです。ここで」

「そうなんだ。そっか――。私、あのお店には派遣されて行ってたのね。応援みたいな感じで」

「そうなんですか。だから、あれからお店にいなかったんだ。じゃあ今は――」

今はどこのお店にいるんだろうと思ってたずねようとしたとき、ふとカウンターのテーブルに置かれた手帳とボールペンが目についた。

（ミッキー！）

口笛を吹いているクラシックなミッキーがデザインされた手帳とミッキー柄のボールペン。手帳には「Ayami Uemura」という名前のシールも貼られていた。これって……。

「ミッキーかわいい……ディズニー好きなんですか？」

私は半分、心の声が漏れたみたいな感じでたずねた。

「あ、これ？　そう気に入ってるの。でも、もうボールペンなんてボロボロだから恥ずかしいんだけど」

「わかります！　私もディズニーのって捨てられないんですよ」

「ディズニー好きなんだね。よく行くの?」

「そんなには……」

ずっと吹奏楽をやってる間、練習に明け暮れていてディズニーランドやシーには全然行けなかったのだ。でも吹奏楽を辞めてしまった今は、時間があっても、なんだか逆に遠い存在になってしまった感じがする。

「私も辞めてからそう言えば行ってないな」

お姉さんがポツリと言った。

「辞めてから?」

「うん。昔ね。ディズニーでキャストやってたから」

彩美《あやみ》さんというそのお姉さんは、大好きだったディズニーで働きたくて、高校を卒業してからマーチャンダイズ(販売接客)キャストを4年間やっていたそうだ。

それまで元ディズニーのキャストだったという人の話はネットとかで見たことがあったけれど、実際に出会ったのは初めてで、ちょっとテンションが上がった。

私は自分の名前を名乗って「ちょっとだけ話してても大丈夫ですか？」と彩美さんにたずねた。

彩美さんは、「仕事中じゃないから全然大丈夫だよ」とやさしい笑顔で言ってくれた。本当だったら、ただのお客さんと元お店の人の関係でしかないのに、こんなところで偶然会って、そんなにプライベートなことまで聞いたり話すのはよくないのかもしれない。

だけど、なぜかディズニーつながりの彩美さんには自分のことも話したくなったのだ。私もずっとディズニーが好きで、吹奏楽もやってきて、本当はいつかディズニーで演奏できるようになりたかったこと。その夢がかなわなくなって、でも彩美さんのいるお店に立ち寄ってレジで話をするのが、なんだかちょっと癒されて元気がもらえたことも。

「そっか……光希ちゃん吹奏楽でトランペットやってたんだ」

私の話を聞いた彩美さんは、一瞬、何か思ったみたいだった。気のせいかもしれないけれど、トランペットの音がつまったみたいな沈黙があった。でも、すぐに、いつもの笑顔に戻って言う。

「けど、私そんな、レジでもふつうのことしかしてないよ」

「えー。そうですか？　だって、ふつうはあんなふうにレジしながらお客さんと楽しそうにできないですよ。なんか私、彩美さんのレジだけ別料金払ってもいいって思いましたもん」

私は、本当にそう思っていたのでそのままを伝えた。

彩美さんは、相変わらず気持ちのいい笑顔を見せながら「光希ちゃん、言いすぎだって」と言う。

そうかなぁ、という顔を私がしてたせいだろうか。彩美さんは何やら手帳の中から取り出して見せてくれた。

「こういうのだってもらったけど、私はふつうのことしかしてなかったよ、ディズニーでも」

「それって、ファイブスターカード!?」

噂では聞いたことがあったけれど、本物を見せてもらったのは初めてだ。

「え、すごい！　彩美さん、それってすごく評価された人しかもらえないやつですよね」私は興奮気味に言った。

「って言われてるけどね。私は、評価されたいとかあんまり思ってなかったんだよね。それより、ほんとにディズニーっていう場所が好きだったし。そこで出会う人たちのことも好きで、そんな中にいられることが幸せで。ほんと、ただそれだけ」

最初は、ちょっと謙遜《けんそん》してそう言ってるのかなとも思ったけど、彩美さんの表情を見てると、本当にただただディズニーが好きで、その場所をつくっている一部に自分がなれてることが幸せって思ってたんだって伝わってきた。

それまで、そんなふうに自然体で自分のやってきた仕事を語ってくれる大人にあまり出会ったことがなかったので、余計に彩美さんって素敵だなと思った。

でも、それならどうして――。

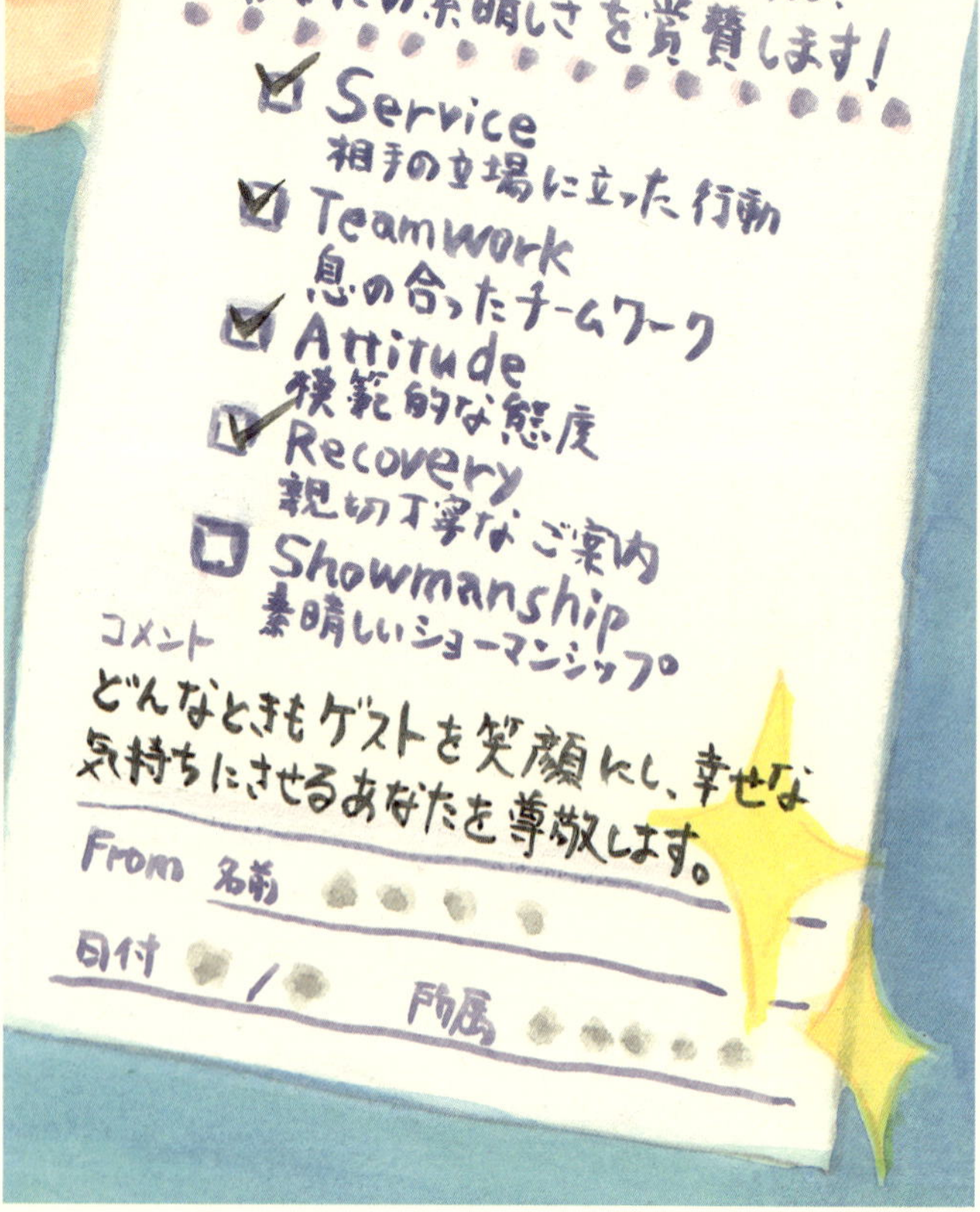
To 名前 上村さん
Congratulations!
あなたの素晴しさを賞賛します!
Service
相手の立場に立った行動
Teamwork
息の合ったチームワーク
Attitude
模範的な態度
Recovery
親切丁寧なご案内
Showmanship
素晴しいショーマンシップ
コメント
どんなときもゲストを笑顔にし、幸せな
気持ちにさせるあなたを尊敬します。
From 名前
日付 /
所属

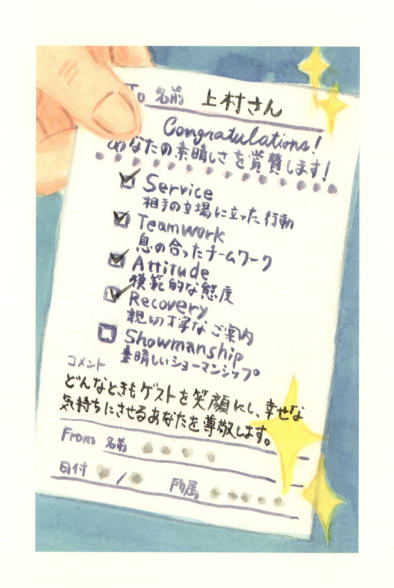

私の中で、これ聞いてもいいのかなという疑問が膨らんでくるのがわかった。そんなに大好きなディズニーをどうして彩美さんは辞めちゃったのだろう。

「彩美さん、どうしてずっとキャスト続けなかったんですか？」

ちょっとストレートすぎたかなと思いつつも、どうしても気になったので聞いてしまった。

「うん。結婚したからね。早いんだけど。22歳のときだったから。彼が転勤になって、どうしても一緒にいたくてついていくことにしたの。彼はキャスト辞めなくていいよって言ってくれてたんだけど、結婚していきなり遠距離って嫌だったし」

「そんな、もったいなさすぎるじゃないですか。私だったら絶対キャスト辞めないです」

彩美さんの一途な気持ちがちょっと意外な告白みたいだったけど、私は、せっかくなれたディズニーのキャストを辞めちゃうなんてという気持ちのほうが強すぎた。しかも旦那さんの理解もあったのに……。

彩美さんは私の失礼かもしれない言い方にも「ほんと光希ちゃん、ディズニー好きなんだね」と笑ってくれた。

「でもね」と彩美さんは言う。「私は、全然そんなふうにもったいないって思わなかったんだよね」

「どうしてですか?」

「ディズニーで学んだっていうか教えてもらったの。誰かを笑顔にすること、幸せな気持ちにさせること。ディズニーではハピネスって言ってたけど、それってディズニーの中だけじゃなくてどこでどんな仕事してても、ほんとは大切なことなんだよね。

キャストしてたときすごく尊敬できるマネージャーがいて、その人が《与えることは最高の喜びなんだよ》っていつも言ってた。もともとはウォルト・ディズニーさんの言葉なんだって言ってたけど。

私も最初はわかるようでわからなかったけど、だんだん、そうなんだって思うようになったんだ。自分がゲストを楽しくさせたり、笑顔にさせたくてがんばるじゃない。そうしてゲストが本当に楽しそうにしてくれてると、してあげているこっちまでなんだか楽しくなってくる。これって幸せなことだなって」

与えることが最高の喜び……。そんなふうに考えたことがなかったので、新鮮な感じがするのと、まだまだ大人じゃない自分には難しいっていう気持ちの両方だった。

「ごめんね。難しい話しちゃって。私は、たまたまキャストになって、自分がゲストとお話しして、ほんのちょっとしたことでも喜んでもらったり、楽しい気持ちを一緒に味わえたりして、人にハピネスを与えることの幸せを実感できたから」

「だったら余計に、辞めちゃうのもったいなくなかったんですか？」

「逆なの。むしろ、ディズニーを辞めてからのほうが、ディズニーってすごいな、そこで経験できたことってこんなに通用するんだって思えたんだよね」

ディズニーを辞めてからのほうが、ディズニーでやってたことが通用するって、どういうことなんだろう。それまで私は、ディズニーで働く人はディズニーの中でだけ、あんなふうに輝けるんだと思ってたからふしぎな感じがした。

「だから私、どこでも自信持って仕事できるの。自分次第で、どこで何をしても誰かを幸せにするって言ったらおこがましいんだけど、いい空気をつくれるんだってディズニーで教えてもらったから。

旦那って、転勤の多い仕事だから、私もずっと同じところで働くの難しいってわかってるし。それで派遣会社から、いろんなお店に行かせてもらって仕事してるんだけど、どこに行ってもどこで仕事しても、なんていうのかな、自分がいることでちょっとでもお客さんにいい気分になってもらえたらそれでいいのかなって」

そういうことだったのか、と私はようやく理解できた。

あのドラッグストアの雰囲気が変わったのって、彩美さんの存在が大きかったんだ。べつに彩美さんは、自分がやったんだなんていうふうに言わないし、思ってもいないだろうけど、きっとそうだ。

彩美さんは、本当にディズニーを辞めてからもディズニーで教えてもらったことをそのまま外の世界でもやってたんだ。

彩美さんのレジにお客さんがわざわざ並びたがるのも、彩美さんとの何気ないやりとりが楽しくて彼女のファンになってしまうからだった。そういう何気ないことも彩美さんの言うハピネスっていうやつなのかもしれない。

私もそうだったように、買い物のちょっとした時間だけど、そこでなんだかちょっとだけ満たされたような気持ちっていうか、温かくて人の気持ちが通ってることが好きだったのだ。

「だって、ディズニーにいたらそれが当たり前に思えるかもしれないけど、パークの外だったらそれが当たり前じゃないんだからもっと輝けるし、それでみんなをハッピーにできる。だとしたら、どこにいたって自分がいる場所がディズニーなんじゃない？」

——どこにいたって自分がいる場所がディズニー。

彩美さんが何気なく言ったことが、すごくショックだった。もちろんいい意味で。

ディズニーならディズニーっていう、憧れのその場所にいなければ自分が輝けないと思っていたけどそうじゃないんだ。

私の場合は吹奏楽のトランペットという居場所を失って、もう自分を輝かせることができないと思ってたけれど違うのかもしれない。うまく言えないけど、彩美さんから話を聞いていたらそんな気がした。

現実はもちろん何も変わってないけど、なんだかちょっとだけ世界が開けたような気分になれたのだ。

ディズニーでもなんでもない、ファストフードのお店の中での出来事だったけれど、本当に彩美さんと話している小さな空間で幸せな気分に満たされてる私がいた。

待ち合わせていた友達がやってきて、知らない女の人と楽しそうに話している私を見てふしぎそうな顔をしていたのにも、しばらく気づかなかったぐらい。

＊＊＊＊＊

ファストフード店で彩美さんと再会して連絡先も教えてもらってからはＳＮＳでもつながるようになった。

同い年の友達や親にはうまく話せないようなことも、彩美さんには素直に打ち明けたり相談できたのだ。

もともと誰とでも自然に接することができる彩美さんだからだろうか。私のことも、ちょっとだけ年下の友達みたいな感じで付き合ってくれるのがうれしかった。

「そういえば、もうすぐ光希ちゃん誕生日だね」

ある日、何気なくいつものようにＳＮＳでトークしてたら彩美さんからメッセージが来た。

ＳＮＳでつながったときにお互いの誕生日の話になって、たまたまふたりとも同じ「おうし座」で、私の誕生日がディズニーの『ふしぎの国のアリス』のアリスの誕生日と同じなんだっていうので盛り上がったのを覚えてくれてたのだ。

「うれしい！　ありがとうございます。って、まだちょっと気が早いですけど」

友達とかの中でも一番乗りのおめでとうメッセージだったのでそう返した。

「うん、ちょっとフライングだけど（笑）」

彩美さんもわかっていて早めのメッセージをくれたのだ。でも、どうしてだろうと思っていたら、おめでとうに続いて思いがけない提案があった。

「誕生日、よかったら一緒にディズニー行かない？」

私は、そんなふうに誘ってもらってうれしいのと、自分で封印してきた場所に行くことへの複雑な気持ちになるのがわかった。いや、それ以上にお父さんの入院があって家の家計が苦しいのに、自分だけがディズニーに遊びに行っていいのかという後ろめたさのほうが大きかったかもしれない。

彩美さんには、誘ってもらったことにお礼を言って「ちょっと母にも相談してみる」と返した。

本当だったら、私がアルバイトとかしてでも家のことを助けないといけないぐらいなのもわかっていた。だけど学校はアルバイト原則禁止だし、お母さんに「コンビニとかで私もバイトするよ」と言ったときも、母は「大丈夫だから。それより弟と妹のこと見てあげて」と言ってくれたのだ。

だけど、私にはどうして彩美さんがわざわざディズニーに一緒に行こうよって誘ってくれたのかが気になった。ノリでそんなふうに誘う人ではなさそうだし。

私は思い切ってお母さんに相談することにした。

「光希はやっぱりディズニーと何かつながってるよね」

私の話を聞いたお母さんがそう言った。

「つながってるって？」

「だって、光希は元キャストだった彩美さんから元気もらったんでしょ。吹奏楽やってたときだって、疲れたときとか落ち込んだら気分転換にディズニーの曲こっそり練習して元気出してたじゃない」

「え？　やだ、お母さん知ってたの？」

てっきり、そんなの気づいてないと思ってたのでちょっと恥ずかしかった。

「わかるわよ。ディズニーの楽譜とか出しっ放しなんだもん。行ってきたらいいじゃない。彩美さんと久しぶりにディズニーに」

「だけど……」

「自分だけとか思わなくてもいいよ。お父さんも退院の目処がつきそうだし。ちょうどさっき連絡あったの。今度、病院の先生のところに来てくださいって。退院後のリハビリとかの話があるみたい」

「そうなの!?　よかった！」

「だから気にしないで行ってきなさい。お金も出してあげるから」

「無理しないでよ」

「大丈夫。お父さんとも話して、やっぱり早くまた光希にトランペット買ってあげられるようにって考えて少し取ってあるから。そこからディズニーでの勉強代ね」

「…ありがとう…お母さん」

私はすごくうれしくて、ペコリとお母さんに頭を下げた。

## ―― 1か月後 ――

夏のはじまりの太陽がシャワーのようにパークに降り注いでいる。すごく久しぶりのディズニーランドは、本当にすべてが光に照らされて輝いて見えた。

私と彩美さんは、ふたりで中学生にでも戻ったみたいに、きゃあきゃあ言いながらいろんなアトラクションを楽しんだ。


ここでは、ふしぎなぐらいあっと言う間に時間が過ぎていく。

「ほんとディズニーランドって、なんかテンション上がるねー」

彩美さんは、つば広のサマーハットを押さえてまぶしそうにシンデレラ城の方向を見上げながら言う。

「でも、さすがにちょっと暑いですね」

私は、タオルとか持ってくればよかったと思いながら言った。ちょっと油断してたのだ。

「じゃあさ、おみやげに何かタオルとか買おうか。私もドナルドの欲しかったし」

彩美さんがそう言ってくれたので、ふたりでワールドバザールにちょっとだけ戻ることにした。

私が買いやすいように、彩美さんも「自分も欲しいのあるから」って言ってくれたのかもしれない。そんなさり気ないやさしさは、ほんとに見習いたい。


ワールドバザールのエリアが視界に入ったときだった。奥のほうからマーチング・ドラムの軽快な響きが聞こえてきた。

（あれ、もしかして！）

「見て、彩美さん！　マーチングバンドやってる！」

思わず声に出してしまった。彩美さんも「わぁ」という表情をしている。

タオルを買うのも忘れて、私は彩美さんの腕を引っ張るようにマーチングバンドの楽隊がいるところに駆け足で向かった。

ふたりで演奏の前で立ち止まり、彩美さんが「タオル買おうって、こっちに戻ってよかったね」と言ったので、私も「うん」とうなずく。

小さい頃に、なんとなくこうやってディズニーランドでマーチングバンドを観た記憶があるけれど、自分が吹奏楽部に入って楽器をやるようになってからははじめて。

部活をやめてから、生の楽器の演奏の場を離れていたけれど、やっぱりいいなと思った。

どの曲も自分には馴染みがあるものばかり。中には演奏会で自分たちが演奏した曲もある。

無意識に思わずバンドの人に手を振ると、演奏しながら手を振り返してくれた。その手は「負けるな！」と言ってくれてるような気がした。

そうだ、私、何してたんだろう。演奏に合わせて手を叩きながら、なんだかうれしいような恥ずかしいような、いろんな感情がこみ上げてきて涙が出た。

トランペットっていう自分の相方をなくしたから、自分がもう何もできないって落ち込んでたけど、私がやりたかったのは、こんなふうに自分みたいに落ち込んでる人にも

自分たちの演奏で元気になってもらうことだったんだ。

それだったら、トランペットじゃなくてもなんでもできる――。

そう思うと、またうれしくて涙が出てきた。彩美さんがそんな私の手をギュッと握ってくれたのもうれしかった。やっぱりディズニーはいつだって夢と勇気をくれる。

今日、こうやって彩美さんがディズニーに誘ってくれなかったら、私は結局「自分は何もできない」って思ったままだったかもしれない。そう思うと、彩美さんに感謝しかなかった。

「また、来たいですね。っていうか、絶対来ましょうね」

私は、今度パークに一緒に来るときは、マーチングバンドを観ながら彩美さんに「またトランペット始めたんです」って言えたらいいな、いや、絶対言うんだって思いながら言った。

彩美さんは、にっこり笑っただけだった。

あれ、どうしたんだろう。きっと彩美さんのことだから、全力で私の提案にうなずいてくれそうな感じなのに。

「あのね、光希ちゃん……」

彩美さんが、ちょっとだけあらたまったような感じで言った。

「どうしたんですか？」

「……また決まっちゃったんだ。旦那さんの転勤」

「えっ？」

「今度は福岡なの。九州の。ちょっと遠いよね。これまではだいたい遠くても関東圏だったんだけど」

「……」

「それでね、私、絶対光希ちゃんと転勤で引っ越す前にディズニーランド来たかったんだ。ちょっと九州は想定外だったから、なかなかこんなふうにしばらく来れないかなって」

こんなとき、なんて言えばいいんだろう。これまで小学校の友達がお父さんの転勤で引っ越すっていうのはあったけど、ある程度大きくなってから、それも大人の人との別れというのは経験がなかったのでとっさに言葉が出てこなかった。

じっと彩美さんの顔を見てると、サマーハットのつばの影になったところに小さく何かが光って流れるのが見えた。

ダメだ。彩美さんにディズニーに誘ってもらって、マーチングバンドの演奏も観れて、いっぱい勇気をもらったのに彩美さんを泣かしちゃダメだ。

目の奥が苦しくなって涙があふれそうになるのを私は必死にこらえた。

「彩美さん。私、大丈夫。どこにいたってつながってるのがわかりますもん。

それに、彩美さんが教えてくれたじゃないですか。自分がいる場所がパークなんだって。自分で自分の居場所を、またちゃんとつくる方法、今日ここで教えてもらったから私もがんばってみます！」

私が、まるで先生に報告する生徒みたいな感じで言ったのがおかしかったのか、彩美さんは笑いながらうなずいてくれた。

「ごめん、泣いちゃって。あとね、もうひとつ光希ちゃんに見せたいものがあるんだ」

彩美さんはそう言って「こっち」と私を連れていこうとした。

「え、なんですか？　見せたいものって」

「んーっとね。見ればわかる」

「なんですか、余計気になるじゃないですか」

そんな私の声を楽しそうに聞き流しながら彩美さんは、ずんずん歩いていく。ほんとになんだろうと頭の中がクエスチョンマークでいっぱいになりながら、彩美さんはとうとう手にスタンプを押してもらってゲートも出てしまった。

（えっ、パークの外に出ちゃった）

もうこの先には、とくに何もないのに。私はますますふしぎな気持ちで、でもニコニコして歩いていく彩美さんについていくしかなかった。

彩美さんに乗せてきてもらった車が停めてある駐車場に着いた。ここからどこか別のところに行くんだろうか。

そう思ったとき、彩美さんが何やらキーを操作して車の後ろのドアを開けた。

「えっ、これって⁉」

「そう、隠してたわけじゃないけど私も高校生のとき吹奏楽やってて、トロンボーンだったの。今はやってないけどね。私も昔はディズニーで演奏できたらいいなって思ってたんだ。光希ちゃんとかと違って全然レベルなんて低かったけど。だから光希ちゃんのことなんか放っておけなくて」

車の後ろに積んであったのはトロンボーンという楽器だった。吹奏楽でも少し地味だけどなくてはならないパート。中学のときには掛け持ちでやったこともある。

「これ、よかったら光希ちゃん使って。トランペットを渡してあげられたらいちばんよかったんだけど」

彩美さんはケースの中でまぶしく光っているトロンボーンを見つめながら言った。

「え、いや、そんな……」

「ほんとはね、もっと早く言ってあげたかったんだけど、光希ちゃんが吹奏楽でトランペットできなくなった気持ちも痛いほどわかるし。だから、なかなか言えなかったんだ」

「でも、そんなのダメですよ。彩美さんの大事な楽器を」

「違うの。今度の転勤では持っていけなくて。どこかに寄付することも考えてたんだけど、光希ちゃんと知り合って、それなら光希ちゃんに使ってもらったほうが楽器だって喜びそうな気がしたから」

「だけど……」

私がどうしていいかわからずにいると、彩美さんは「それにね」と意外なことを私に

話してくれた。

「私、宮城出身なんだよね。それで高校生のとき震災があってさ」

「あ……」

私が、まだ小学生のときだ。私のところは直接大きな被害はなかったけれど、停電があったり、一時的に水とかが足りないって両親や周りの大人がいろいろ心配してたのは覚えている。

「高校で友達に誘われて、それまで全然やったことなんてなかったんだけど、地域の吹奏楽団に入ったの。というか入らされたに近いかな。人数が足りないからって。でもやってみると、教えてくれる先生がほめ上手だったんだけど、下手なりになんだか楽しかったんだよね。地域のイベントで演奏したり、いろんな施設を訪問したり。楽しいから、ちょっとずつだけど上達もしたし。けど、震災の津波で練習場所に置いてあった楽器全部ダメになっちゃったの。私が両親に買ってもらったトロンボーンも」

「えっ、じゃあ……」

「うん。活動休止。それどころじゃなかったっていうのもあるけど」

ということは、今日、彩美さんが車に積んで持ってきてくれたトロンボーンはそのあとにまた買ったものなのだろうか。

「でも、このトロンボーンは……」

頭の中に浮かんだ疑問を彩美さんにたずねた。

「それで震災のあと、みんな避難所とかにいたんだけど、ようやく学校が再開されてしばらくして、もう吹奏楽の活動はできないかなって思ってたら、地域の音楽活動している子たちにたくさんの楽器が届けられたんだよね」

「楽器が？」

「そう。支援物資とかじゃなくて、楽器がドーンってアメリカから」

どうして楽器が、しかもアメリカからなんだろう。なんだかふしぎな感じがした。

「なんか、すごいですね」

「うん、びっくりした。映画で見るみたいな大きなトレーラーのコンテナに1台分だからね」

「でも、どうしてそんなに楽器をたくさん届けてくれたんでしょうね」

「アメリカにニューオリンズっていう音楽の町があるのね。そこで昔、大きなハリケーン被害があったときに、日本からたくさんの支援が届いたんだって。

そのときに、日本のジャズトランペット奏者さんが中心になって、現地でも義援金を募るチャリティーコンサートを開いたり、被災してダメになった楽器を買い替えてニューオリンズに贈ったりしたの。

その人は、それまでも自分がジャズを学ばせてもらったアメリカに恩返しがしたいって、ずっとチャリティー活動を続けてたんだって。銃とドラッグに囲まれて暮らしている町の貧しい子どもたちのために、楽器で生きる力を持ってほしいと、日本から中古楽器を集めて贈ったりもしていたの。

だからニューオリンズの町の人たちは、日本の震災とか津波の被害とかを自分たちの大切な友達に起こった悲しい出来事って感じたんじゃないのかな。今度は自分たちが恩返しする番だっていうことで、たくさんの楽器を日本に届けてくれたの。

それにニューオリンズはデキシーランド・ジャズが育った町で、そのジャズトランペット奏者さんも自分の音楽の故郷みたいに思ってたから、お互いの想いが通じたんだよね」

デキシーランド・ジャズ——。あの、私がつらくて落ち込んでたときに元気をもらった演奏の人？

なんの根拠もなかったけれど、そんな気がした。人に対する温かさ、心の広さ、そんなものを感じさせてくれた演奏者さんなら、きっとそうなんじゃないかと思ったのだ。

「そのデキシーランド・ジャズのトランペット奏者さんって、もしかしてディズニーランドでも演奏されてたりしないですか？」

動画で観た演奏を思い出しながら彩美さんにたずねた。

「そうそう！　光希ちゃんも知ってたんだ。私も今、それ言おうと思ってたの」

「私も、その人の演奏好きなんです！」

思わず大きな声が出た。自分をもう一度夢に挑戦しようという気持ちにさせてくれたあのディズニーのジャズトランペット奏者さんが、まさかこんなところでもつながっていたなんて。

こんなことってあるんだ……。

夕陽が反射して輝くトロンボーンを眺めながら、ふしぎな出会いを想い返した。

ニューオリンズからやってきたトロンボーンは彩美さんたちを励まし、悲しい出来事から前に進みだす力をくれた。

そして、今度はまた私のところにやってきて、私に「あきらめない力」をくれようとしている。もちろん、トロンボーンはただの楽器だ。物にはそんな意思や想いなんてないっていう人もいるかもしれない。

だけど、私はそんなことないって思う。なぜって、楽器だって演奏を聴いてくれる人が笑顔になったり幸せで楽しい気持ち、癒される気持ちになったほうがうれしいにきまっている。

そしてそれは、場所とかは関係なく、演奏する人が「自分の周りを楽しい空気にしたい」って思ったら、どこでも力になってくれるのだ。彩美さんが言ってくれたように、このトロンボーンと一緒なら、きっと「自分がいる場所がディズニー」になれる。

トランペットと離れることになって、自分の居場所がなくなったって思ってたけど、大事なのはどこにいるとか何を持ってるとかじゃなくて、自分が何をしてるかなんだ。


私はトロンボーンを手に取って組み立て、マウスピースを軽くひねって入れ、音を出してみた。

ものすごく久しぶりに出した音は、ちょっとぎこちなかったけれど、まぎれもなく「私の音」だった。

私は、ここが駐車場だっていうことも忘れて、大好きな『美女と野獣』のテーマ曲を少しだけ奏でる。トロンボーンを吹きながら、なんだかなつかしいような温かい気持ちがこみ上げてくるのがわかる。

そう、ここがやっぱり私の居場所なんだ。

もう自分の場所がない、夢が描けないってあんなに絶望してたのに、本当は「自分の中」にちゃんとあったのだ。

「彩美さん」

「ん、どうしたの光希ちゃん」

トロンボーンの音を出すのをやめて彩美さんに私は言う。

「私ね、ディズニーじゃなくても、いろんな場所に出かけていろんな人の前で演奏できる人になるから。そしたら彩美さんが旦那さんの転勤でどこにいても、私が会いに行けますよね」

「光希ちゃん……ありがと…」

ディズニーの〝夢をかなえる神様〟は、どんなときもいる。自分が今いる場所で、今自分にできることに向き合う人に、そっと力をくれる。

彩美さんの瞳がうるんで、もう一度トロンボーンを手にした私を映し出す。

少し低い『美女と野獣』の旋律《せんりつ》を奏でていると、伸び縮みするトロンボーンのスライド管の向こうにいつの間にかたくさんの人の笑顔が滲《にじ》んで見えた。

# 第3話

# 見えないそうじ

ディズニーには「毎日が初演」という理念がある。

あれだけ大勢のゲストが日々訪れて、リピート率も9割以上と言われているのに、毎日が初演というのはふしぎに思われるかもしれない。

けれども、初めて遊びに来たゲストはもちろん、何十年ぶりかでやってきたゲスト、年に何度も訪れるゲストであっても、そのゲストにとって「今日という日」は1日しかないのだ。

だからこそ、ディズニー創始者であるウォルト・ディズニーは「毎日が初演」ということを大事にして、いつゲストが訪れても、まるで初めてパークに足を踏み入れたときのようなピカピカの新しさで迎えることを徹底したのである。

僕がディズニーに入って、深夜の清掃を担当する初代ナイトカストーディアルトレーナー兼エリアスーパーバイザーに配属されたときも、ディズニーのそうじはここまでやるものなのかと驚かされた。

1日の開園時間の間についた汚れや、落ちてしまった小さなゴミ、土ぼこりにいたるまですべてを洗い流し、ゲストが触れることのない壁や天井も拭き、アトラクションの小さな飾りにいたるまで磨き上げる。

言ってみれば、ふつうなら年に一度ぐらいしかやらない大そうじを毎日やっているようなものなのだ。

誰がいつ、パークのどこに足を踏み入れても気持ちよく過ごせること。そのためには「これぐらいでいいだろう」とか「ここは見えないところだから」という妥協や手抜きは一切しない。

本当に毎日、1日も欠かさずにパークの隅々まできれいにそうじをする。それだけでなく「もっときれいにできないか」と、そうじ方法やそうじ技術を改良し続けている。そこまですることで、常にパークの「気持ちよさ」が保たれる。汚れたからそうじをするのではなく「汚れないように」そうじをするのだ。

そうすると、ふしぎなことにパークの中でゴミをポイ捨てするような人もいなくなり、さらにパークがきれいで気持ちのいい空間になっていくのである。

人は、ものが散らかっていたり、すでに汚れている場所だと「もともとこうなってるのだから」と、自分もそこにゴミを放置したりすることに抵抗が薄れてしまう。けれども、常にきれいに保たれている場所ではそんな気にはなりにくい。

ディズニーのそうじは「見えないところもそうじする」と言われるが、それは物理的な場所のことだけではない。人の心という見えないものまでまるで浄化するかのようだからだ。

とはいえ、「人の心」は自分ではどうしようもないことで輝きが失われたり、何かがこびりついたみたいに一部が暗くなってしまったり、目の前のものを歪《ゆが》んで映してしまったりもする。

岩手県の中学校に通う栗山航希《くりやまこうき》という男の子も、あることがきっかけで、自分の心の輝きを失ってしまっていたのだった。

＊

２０１６年　４月
「ちょっと、男子！　ちゃんとやってよね。聞こえてる？」
また学級委員の女子がなんか言ってる。朝からほんとうるさい。いつもなら完全無視だけど、今日は俺らのところまでつかつかとやってきて、まだ何か言いたそうだった。
「だから、なんだよ」

半分睨《にら》むような感じで学級委員の女子二人組に言い返したのに、向こうも負けじと言ってくる。

「栗山くんたちだけじゃん、そうじの時間遊んでるの。みんなで決めてやってるんだから、ちゃんとやってよ」

「俺はそうじやりたいなんて、ひと言も言ってないし。お前らがやりたいんだからやればいいじゃん。邪魔はしないからさ。なあ」

周りにいる遊び仲間の健也《けんや》と拓海《たくみ》のほうを向きながら言った。

「そうそう。どうせ、そうじしてもしなくてもすぐ汚れるんだから一緒なんだよ」

健也と拓海も俺に同意するように言う。


だいたい、新しい校長が余計なことを言いだすからだ。始業前に教職員と全校生徒で「そうじの時間」をするというのだ。

「これは、ただのそうじの時間という意味だけじゃないですよ。みんなで過ごす学校をきれいにするっていうのももちろんだけど、そうじを通して見えないところに気づく心

や、みんなで力を合わせてひとりだとできないことをする達成感を育てるっていうのが大切なんです。

それに、そうじができる人は社会に出たときも評価されます」

クラス担任はそんなことを言ってたけど、よくそんなきれいごとが言えるよなと思った。何が、そうじができる人は見えないところに気づいて、社会でも評価されるだ。だったら――。

俺が学級委員の女子二人組にどう言ってやろうかと思ってたところに、ホームルームのために担任が入ってきた。

女子二人組は担任のところに駆け寄って何やらこそこそ言っている。どうせ、俺らのことを報告してるんだろう。

俺は「あーあ、面倒くせぇ」と、わざと聞こえるような声を出して、カバンをバンと机の上に放り出した。

## ―― 1か月前 ――

「いや、それはさすがにキツすぎます。難しいですよ!」

学校帰りに、いつものように自宅兼工場の1階にある事務所をのぞいたら、父親が珍しく難しい表情で誰かと話していた。どうやら取引先の人が来ているらしい。

両親は産業用機械部品の工場を経営している。いわゆる下請けというやつだ。

けれど両親は下請けだからと変に小さくなることも、誰かにこびるようなこともなく、「自分たちの部品が、あの大きな機械を動かしているんだ」という自信とプライドを持ってやっていた。

そんなふうに、直接言葉にして言うことはほとんどなかったけれど、どんな小さな部品ひとつでも真剣な目で仕上がりをチェックしているのを、ずっと近くで見てきたからわかる。

実際、取引先は俺でも知ってるような大手のメーカーで、工場の事務所にはメーカーから品質を表彰された賞状や記念品がいくつも飾られていて、子ども心にもすごいんだなと思ってきたのだ。

いつもなら、来客があるときは邪魔にならないように事務所には入らず、脇の階段を上がって2階の自宅に行くのだけれど、その日はなんだか様子が気になった。

「ですから栗山さん、我々も厳しいんです。競合になる新興国の製品がここにきて性能も品質も急激に良くなって、おまけにかなりのコストダウンをしてるのは栗山さんだってご存じですよね」

取引先の人は、父親に何か書類のようなものを見せ、眉間にしわを寄せながら厳しい口調になっていた。

「それはもちろん、うちもわかってます。これまでもずっと協力させてもらってやってきたわけですから、競合に勝ちたいのはうちだって同じです」

父親が両手にぎゅっと力を入れながら言ってるのがわかった。本気で何かを思ってい

るときにはいつもそんなふうにするのだ。

「だったら、お願いしますよ。我々も何度もギリギリの線で設計も資材もコストを見直して、それでも厳しいので無理を承知でこうやって協力工場さんにお願いに来てるんです」

「だからって、いきなりさらに30％コスト削減っていうのはもう……。それだと、正直に言って、うちもまったく利益が出せないし、うちからお願いしている加工屋さんたちもやっていけない」

父親がそう言ったきり、事務所の中に沈黙がおとずれていた。


「……わかりました」

取引先の人が真顔になっていた。

「栗山製作所さんが厳しいというのは、十分承知しました。そういうことでしたら、我々もそれ以上は何も申し上げられません」

「うちもなんとか15％までならやってみます。それ以上は品質にも――」

「いや、栗山さんがそこを気にされなくても大丈夫です。我々の課題ですから。どうも長々とお邪魔しました。失礼します」

取引先の人が事務所から出ていくときに、ちらっと俺と目が合ったけれど、その目はいつもと違って感情がなかった。

いつもなら俺の顔を見ると、一応、笑顔を見せて「どうも！」とかなんとか、大人相手にするみたいなあいさつをしてくれるのだ。きっと、子ども扱いするにはもう大きいし、だからといって大人でもないのでそんな中途半端な感じなのだろう。

——数日後。

家族で少し遅めの晩ご飯を食べようかというときだった。1階の事務所から2階の自宅に転送している電話が鳴った。

こんな時間に仕事の電話？　怪訝な顔をしている俺と母親の顔を一瞬見て、父親が電話に出る。

「――えっ。はい……いや、それはいくらなんでもいきなり……」

父親の顔色が変わったのがわかった。

「……そうですか。わかりました……」


電話を切ったあとも子機を手にしたまま、父親はしばらく黙っていた。

「お父さん、どうしたの？」

母親がお茶の入ったコップを手にしかけたのをやめて言った。

「中止だってさ」

「何が？」

「取引」

「え？」

「うちとの取引をしばらく中止したいって」

「……それって、この前の値下げの話なの？　でも、その話は向こうがわかりましたって言ってなかったっけ」

　意味がわからないという感じで母親が言った。たしかに俺もそんなふうに取引先の人が最後に言ったのを覚えている。

「いや、そうじゃないさ。わかりましたっていうのは、コスト削減に応じられないなら、うちとの取引がもうできないっていうことさ」

「そんな話ある？　それに中止ってことで、やめるってことでもないんでしょ？」

「実質的には取引打ち切りだよ。値下げに応じられないから一方的に打ち切るっていうと、いろいろ問題あるからそういう言い方してるだけさ。いや、まいったな……取引量を減らされるというのはあると思ってたけどな。打ち切るっていうのはな」

　重苦しい空気の中でダイニングの壁にかけられた古い時計のカチカチという音だけが響いた。その時計も取引先の創業何十年とかの記念の文字が刻まれている。

「……なんだよ、それ」

俺が思わず口にしたとき、黙ったままテーブルのおかずに手を伸ばそうとしていた父親の手が止まった。

両親が俺の顔をじっと見ている。これまで、食卓でふたりが仕事の話をしていても、まったく気にするそぶりも見せたことがなかったからだろう。俺が口を開いたことにちょっと驚いているのがわかった。

「これまで、さんざんいいこと言ってきてさ。栗山さんのところの技術がなければ困るとか、栗山さんところは工場のそうじや品質管理も行き届いていてすばらしいとか。全部、そんなの口だけじゃん。結局、自分らの都合のいいように下請けを使いたいから、うまいこと言っておだてて。汚ねえよ」

「そういうこと言うな、航希」

父親がぼそっと言った。

「だけどさ、おかしいものはおかしいじゃん」

俺がさらに言うと、母親が「そうじゃないの」と言った。

「お父さん、下請けだから何も言えないのでも、おだてられてやってきたわけでもないんだから。ただ、どんな仕事も自分がやることに責任とプライドを持ってずっとやってきただけ。ね、そうだよね」

それは俺にだってわかる。だからこそ、不条理な今回の出来事がなおさら俺は許せなかった。

そういう父親のプライドをうまく利用したみたいな取引先のやり方に腹が立ったのだ。どんなに無理な納期でも、厳しい要求でも嫌な顔一つせず応えてきたのも家族だから知ってる。

子どものときの夏休みだって、クラスの他のやつらは家族で1回どころか何回もどこか遊びに出かけてても、うちはどこにも出かけず、「栗山さん、これ他がどこも引き受けられないっていうから頼む」と持ってこられた仕事を両親が汗だくでこなしていたのだ。

それなのに、これ以上のコスト削減は難しいと言ったとたんに掌《てのひら》を返したように、冷たい顔で取引を中止するという。それが大人の世界だとしても、おかしいものはおかしい。

「航希の言いたいこともわかった。ご飯にしよう。せっかくお母さんがつくってくれたのに冷めちまう」

父親がそう言ったので、俺はそれ以上何も言わなかった。

大人の仕事の話に口を出すんじゃないという言い方だったら、きっと俺はもっと何か言いたくなってただろう。

腹が立つことはそれだけでは終わらなかった。それからしばらくして、同じように父親が機械関係の工場を経営しているクラスの友達から信じられない話を聞いたのだ。

「なあ、航希のお父さんの工場ってさ、取引先にケンカ売ったんだって?」

「なんだよ、それ。ケンカなんて売ってねぇよ。逆だし。こっちが一方的に取引切られたんだよ」

「でもさ、うちに来た取引先の人が言ったらしいよ。栗山製作所は態度がデカくて、こっちが一生懸命頭下げてお願いしても話聞いてくれないって」

「……ちょっと待てよ。誰だよそんな嘘言うやつ。うちの親がいつ態度デカかったんだよ。真逆。うちらができるだけの条件を出しても聞く耳も持たないで、向こうから一方的に、だったらもういいみたいな感じになったんだって」

「ふーん。でもうちの親はびっくりしてたよ。よくそんな大手の取引先にケンカ売れるよなって」


どうやら、あの一件があってから、取引先は父親の工場とのことで、あることないことをいろんなところで言いふらしているみたいだった。

当然、父親の耳にも入っていたけれど、そのことで父親は一切何も文句を言ったり反論もしなかった。

「相手が何を言ったとか言わなかったとかはどうでもいい。こちらが条件をのめなかったのは事実なんだ。だからこっちからあえて何も言うことはない。それにうちには他にも取引先があるんだ。そっちとちゃんとやってればいい」

父親は母親と俺にそう言った。

けれど、あることないこと言いふらされたせいで、他の取引先も「栗山製作所さんのところは危ない」と警戒されたり、同じように取引を見合わせるところも出てきてしまっていたのだ。

——倒産。ドラマとかでしか見たことのない状況が現実のものになろうとしていた。

＊＊＊＊＊

相変わらず「そうじの時間」は続いていた。俺は、いちいち学級委員の女子ともめるのも面倒くさくて、遊び仲間と一緒に「そうじの時間」は校内の目立たない場所で過ごすようになっていた。

父親の工場のことがあってから、なおさら大人の言うことなんて聞く気にもならなかった。

そういえば工場にだって、ときどき取引先から品質管理委員とかいう学級委員みたいなのがやってきて隅から隅までチェックして、ここの配置は改善したほうがいいだとか、ここのそうじの仕方はどうだとかうるさく言ってるのを学校の夏休みのときとかに見たことがある。

口では「栗山さんの工場は整理整頓やそうじが他の工場の見本になるから」とか言ってたけど、結局は自分たちの都合のいいように利用していたとしか思えない。いいこと言ってたって世の中はお金で動いてるんだ。大手の取引先がお金にものを言わせて、自分たちみたいな下の立場を動かしているのが現実。

そういうのを見てるから、余計に学校でも先生たちが「そうじをすると達成感がある」とか、「自分の成長につながる」とか言ってるのは、冷めた目でしか見れなかった。

正直、家に帰っても、仕事がどんどん少なくなっていく工場の雰囲気が重たくていい空気がしないし、学校もおもしろくない。

そんななかで唯一の楽しみが修学旅行で行くことになってるディズニーランドだっ

た。俺も遊び仲間も、それがあるから学校に来てるようなものだ。

ただ、ちょっと気に入らないのは、修学旅行の事前学習でディズニーランドのそうじを担当するカストーディアルキャストのことを学んだり、直前には宿泊先で昔ディズニーランドで働いていた偉い人から、ディズニー時代に学んだ教訓などを聞く時間もあるらしいということ。

まったく、どこまで先生たちは俺らに「そうじ」を押しつけたいんだろう。


その日の朝もいつものように、俺は「そうじの時間」を抜け出して音楽室にいた。いつもなら遊び仲間の健也や拓海たちも来るのに姿が見えない。

あいつら本格的に学校サボってんのかな、と思ってクラスを確かめに行くと、あれだけ俺と一緒に「面倒くさい」と言ってたのに、クラスの他のやつらと一緒にそうじをしてるのだ。

俺が「何してんだよ」と言うと「あ、航希もやる?」とモップを俺に手渡しながらふざけたことを言う。

「ふざけんなよ。なんでやるんだよ」

「運動運動」

「何が運動だよ。おっさんかよ。お前ら、そんなにいい子に見られたいのかよ」

俺がイライラしながら言っても「そうじゃないけどさ」と、あまり本気にしていないみたいだ。

それどころか、モップを濡らして教室の床に下手くそなキャラクターの顔を描いてみたりして楽しそうにしてる。

どうやら、修学旅行の事前学習でディズニーのそうじやカストーディアルキャストのことを知って興味を持ち始めたらしかった。

「いいよ、わかったよ。好きにしろよ。そうやってそうじしてたら内申点にもプラスになるし、いいんじゃないの」

こいつらもなんだかんだ言って、結局大人の顔色をうかがってるんじゃないか。そうじの時間だって、ちゃんとやって先生に評価されて高校進学にプラスになるっていうメリットがあるからやるんだったら、お金のために動いてる大人と一緒だ。

そうして俺は遊び仲間ともちょっと距離ができて、さらにいろんなことがつまらなくなりながら修学旅行の日を迎えることになった。

## ――修学旅行のディズニーランド前日――

宿泊先のホテルの宴会場みたいな大きな部屋で「ディズニー　そうじの神様が教えてくれたこと」というテーマの講演があった。

講師はディズニーランドで初代ナイトカストーディアルトレーナー兼エリアスーパーバイザーをやっていた金田という人。どうせまた、こんなことをしたらダメだとかっていう説教か、自分はこれだけすごいんだみたいな自慢話を聞かされるのだろうと思っていた。

早く終わんないかな。俺は、さっさと自分たちの部屋に戻ることだけを考えていた。

けれど、何か思っていたのと様子がちがう。金田という人の話は、自慢というより全力の失敗話なのだ。

まだ入社できるかどうかもわからないのにディズニーランドが日本にやってくるという話を聞いただけで、もういきなり勤めていた会社に退職届を出したとか前のめりすぎる。

しかも、そこからアメリカのディズニー本社にまで直接自分の想いを伝えに行ったにもかかわらず、4回も不採用になったらしい。

(この人、なんなんだろう)

これまで自分が見てきた大人とはずいぶん違っていた。

ディズニーランドを運営する会社に5回目の挑戦で入社してからも、ずいぶんいろんな出来事があり、その中での聞いたことのないディズニーのエピソードに、聞いてるみんなも引き込まれてるのがわかった。

俺も最初はこっそり会場を抜け出そうかとも思ってたけど、結局、金田さんの話がおもしろかったので最後まで聞いてしまったのだ。

「周りがどうであろうと、自分がどうありたいかが大事」「やりたいことが周りと違っていたっていい」「夢は自分にしかつくれない。親も友達も学校の先生もつくってくれない」

そんなことを先生たちもいるところで堂々と言い切ってるのもおもしろかった。こういう大人もいるんだな。

だけど——。金田さんが「努力は裏切らない」という話をしたときに、ふと父親のことを思い出した。

あれだけ努力してきたって、大人の社会では簡単に裏切られるんだ。

取引先のためにいつもできるだけのことをして、それを評価されてたはずなのに、結局、取引先の都合が悪くなれば正反対のことを言われて、経営が厳しくなっている父親の顔が頭をよぎった。

この金田という人も、口ではいくらでもいいことを言えるさ。一瞬、素直に話を聞きそうになっていた自分がおかしかった。

*

「金田さん、ちょっと聞いてもいいですか？」

講演が終わったあとも、クラスの生徒たちが講師の僕のところにやってきて、口々にいろんな質問をしてくる。

みんな、初めてリアルに聞くディズニーのそうじの話に刺激され、もっといろんなことを知りたくなったということらしい。大人相手の講演では、周りの様子を見ながらという感じで遠慮がちに質問してくる人が多いが、子どもたちのこういったストレートな感じが僕は嫌いじゃないのだ。

そんな中で、会場の後ろから冷めた目で僕の周りの様子を見ている男子生徒がいるのが気になった。途中までは聞いていてくれたような感じだったのに、何か気に障るようなことでもあったのだろうか。

「えーっと、あの彼は？」

僕は近くにいた生徒にたずねた。「あ、あいつ栗山です。栗山航希」。健也と呼ばれてる子が教えてくれた。

「航希君、どうだった？」

僕が後ろのほうに届くように言ってみると、面倒くさそうに僕のところに向かってくる。

「何か、明日行くディズニーランドのことで気になることあったかい？」

僕がたずねると、栗山航希はこう言い放ったのだ。

「いいこと言ったって、ディズニーランドだってお金儲けのためにやってんだろ？　そうじなんて喜んでやりたい人はいないさ」

僕の周りの生徒たちも、驚いた感じで一斉に栗山航希を見た。講師の先生にケンカを売るようにも見えたのかもしれない。ちょっと怯《おび》えた感じになってる女子生徒もいた。

「そうか」

僕は周りの生徒たちや、あわてて駆け寄ろうとする先生にも「大丈夫」というアイコンタクトをして、怒るのでも諭《さと》すわけでもなく航希と向き合った。

「どうして君はそう思うんだい？」

「……言ったってわかんないさ」

ちょっと目をそらすようにしながら航希が言った。

「そうじなんて喜んでやりたい人なんていないっていうのは、そのとおりかもしれないね」

僕がそう言うと航希はそらしかけていた目を僕のほうに向けた。いったい何を言ってるんだというふうに。

「僕もね、航希君。最初は、そうじなんてって思ってたんだ。ディズニーに入ったばかりの頃だけどね。だってさ、さっきも話したじゃない。4回も不採用になって5回目でようやく夢がかなってディズニーで働く仲間になれた。

どんな職種に就けるんだろうか。いい大人がわくわくして配属先が言い渡されるのを待ってたんだ。そうしたら、僕が受け取った辞令はカストーディアル。一瞬、意味がわ

からなかった。

だってまさか自分がそうじの担当になるなんて思ってもいないさ。今でこそね、カストーディアルっていうのは、ほうきのパフォーマンスとかでキャストの中でもいちばんの人気職種だけど、当時は世の中で清掃の仕事は『キツイ・汚い・危険』の３Ｋなんて言われてさ。全然だったんだから。

しかも深夜の清掃業務だよ。真夜中のディズニーランドにはミッキーもミニーもいなけりゃ、昼間みたいに触れ合えるゲストもいない。誰も見てない世界だから」

僕は自分がディズニーに入ってナイトカストーディアルになったばかりの頃の話になるとつい熱を帯びてしまう。

途中で「そうだ、航希は僕の話を否定的に思ってたんだ」と思い直して、航希の表情をあらためて見た。

すると、さっきまでの、こんな話はもう聞きたくないと目をそらすような感じではなくなっている。僕に向かってくるような目なんだけれど、なんていうんだろうか。きれいごとではないものを探したいという純粋な目を持っているような気さえする。

ただ、それだからこそ、不条理なことも多い大人の世界を見る目が、ときには鋭くて攻撃的なものにもなってしまうのかもしれない。


「なんで……金田さん」

僕の目を試すようにじっと見ていた航希が口を開いた。

「そんな誰も見てなくて、誰も評価してくれないような仕事、なんですぐ辞めなかったんですか？」

この質問だけを切り取ったら、もしかしたら人によっては失礼な質問と思うかもしれない。だけど僕には航希が、ただ大人を挑発して言ってるようには思えなかった。その目は僕に「本当のことを言ってほしい」と言ってるような気がした。

「ほんとだね」僕は笑いながら答えた。

「誰も見てくれなくても直接評価してくれなくても、自分のためにやるんだよな。自分が正しいと思うことのためにね。

僕はそれをディズニーのそうじの神様から教わったのさ。アメリカから来ていたチャックさんっていう〝そうじの神様〟なんだけどね。あのウォルトが認めたディズニーのそうじのあり方、やり方を築き上げた人だ。講演でも紹介したよね。

あるときチャックさんがナイトカストーディアルのキャストに手鏡を配ったんだ。ん？　これで深夜でも身だしなみを整えなさいってことなのかな、と一瞬思いそうになったけれど、それにしては小さな手鏡でね。

おまけに手鏡の先端にはライトが付いてる。なんだろうと思ったら、なんとこれで照明が届かない便器の裏側もチェックしなさいって言うんだ。便器のくぼんだ裏側には臭いのもとになる汚れがつきやすいから。

最初はそこまでやる意味がわからなかった。だって、便器の裏側なんてふつう誰もわざわざ見ないからね。そこをそうじしてもしなくても見た目の美しさには何も影響しないし。

もちろん、そんなところまで徹底してきれいにしたら、そりゃトイレは素敵になるよ。実際、ディズニーランドのレストルームには芳香剤《ほうこうざい》ってないんだよ。臭い消しみたいなものは一切置いてないから。それぐらいクリーンさが保たれてるってわけなんだな。そういう仕事を続けてるとね、だんだんピカピカで臭いのないレストルームをつくりあげてる自分にプライドが持てるようになった。誰も気づいてくれなくてもいい。いや、気づかれないほうがカッコいいというぐらいの気持ちかな。

チャックさんは僕たちに、そんなふうに自分にプライドを持って、自分のために嘘やごまかしのない仕事をすることの大事さを教えてくれたんだ」

僕は、ちょっと難しい話かもしれないと思いつつも、きれいごとではない話を聞きたいという想いがあるなら少しでも彼の力になればと思って話した。

航希は、じっと目をそらさずに聞いてくれていた。

「それにさ、他人の評価やお金での評価なんて当てにならないものなんだ。すぐにコロコロ価値が変わってしまう。そんなのをずっと気にしてたら、いつまでたっても自分が自分でいられない。

それよりもっと大事なものがあるって、僕はディズニーのそうじで学んだ。もちろん

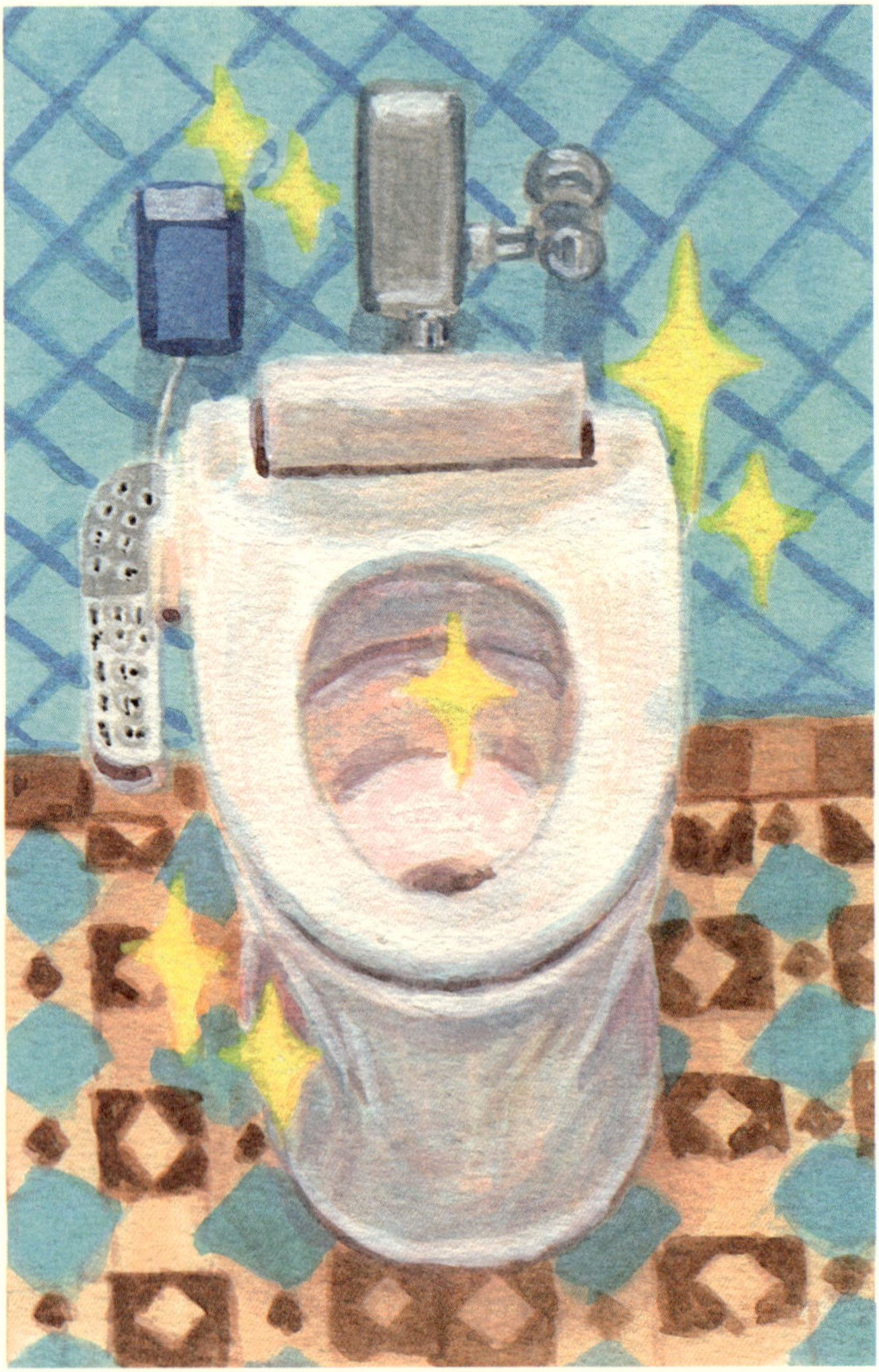

ゲストのためにそうじをするんだけど、そのそうじは働いてるキャストの心もきれいにするし、そういう仕事をしてる自分自身が誇りに思えるようになれるんだ。

自分たちが磨き上げた、世界にひとつだけのステージを毎日つくれるんだからね。

誰が見ていようと見てなかろうと自分が本当に心からやりたいことをやる。それが大事なことだからね。

そうだ、もうひとつ大事なものがある。どこで何をしていても楽しくなれる方法もディズニーで僕が見つけたんだ。なんだと思う？　どんなことをやっても楽しくなる秘密は真剣にやることなんだよ。

つまらない、嫌だなと思って適当にやれば、本当につまらなくて嫌になる。だけど真剣にやるとそうじゃなくなるんだな。ディズニーの楽しさをつくっているのは、キャストたちの真剣さだとも言える。そういう自分であることをみんなが誇りを持ってるし、大事にしてるんだ。

航希君。君は、本当はどうありたいんだい？」

＊

――君は、本当はどうありたいんだい？

まさか、そんな直球な問いをぶつけられるとは思ってもいなかったので、俺は何も言葉が出てこなかった。

いつもなら「知らねえよ」とでも言って、すぐにその場を離れてるところだ。だけど、金田さんは俺に対して上からでも下からでもなく、対等に正直に話してくれてたような気がする。

それだけに、いつもみたいに反発したくなる感じにならなかった。だけど、やっぱり大人の都合のいいようにうまく言ってるだけかもしれない。ディズニーのそうじ、カストーディアルのイメージを良くするために。

トイレの裏側まで小さな手鏡でチェックするっていうのだって、誰も見てないのならきっとそこまでやらないだろう。大げさに話を盛ってるんじゃないか。

そんな気持ちがぬぐえずにいると、金田さんがこんな提案を俺にしてきた。

「航希君たちは明日、ディズニーランドに行くよね。そのときに僕の話が本当なのか嘘なのか確かめてごらんよ」

「どうやって？」

「そうだなぁ……パークにはたくさんのトラッシュカンって呼ばれてるゴミ箱があるんだ。それを見てみるといいよ。きっとゴミ箱の密集度でいったらディズニーリゾートは日本でいちばんかもしれないけどね。

でも、ほとんどのゲストはべつにディズニーのゴミ箱を見るためにやってきてるわけじゃないから、トラッシュカンのことなんて気にしてない。だけどね、ディズニーのカストーディアルキャストはちゃんとそんなところも常に磨き上げてる。

1日の終わりにはトラッシュカンの中に頭を突っ込んで、ゴミ箱の中まできれいに拭くんだ。中は二重構造になっていて、ライナーっていう容器にゴミを回収する袋が装着されてるんだけど、袋からこぼれたものがトラッシュカンの内部にこびりつくと臭いのもとになるからね」

金田さんは当たり前のようにそう言った。だけど、なんでそこまでやる必要があるんだろうか。だって、ゴミ箱なんて汚れるに決まってる。なのに、毎日その内側まで磨いたって無駄すぎる。

「どうしてそんなことまでするんだ？って顔してるね」

金田さんが笑いながら言った。そのとおりだよ。俺だったら、もしバイトとかでそんなことまでさせられたら1日で嫌になる自信がある。

「人が注目しない場所なんて、すっ飛ばしたほうが効率いいしお金だってかからない。ふつうはそうだよね。だけどディズニーが大事にしてるのはそうじゃないんだ。もっと純粋な人が人を想う心。イノセントって英語では言うけどね。

あの広いパークの隅々まで毎日ピカピカに磨かれているということに、キャストは誇りを持っている。たとえ気づいてもらえなくても。そんなまっさらなパークにゲストを

迎えられることが本当に心からうれしいんだよ。

それにね、航希君。ゴミ箱は汚いものっていうイメージを多くの人は持ってるかもしれない。だけどディズニーのゴミ箱、トラッシュカンは年々、中まできれいになっていくんだ。どうしてだかわかるかい？」

ゴミ箱が中まで年々きれいになっていく？　意味がわからなすぎる。

「それはね、ずっとカストーディアルキャストがパークをきれいにし続けてきたことで、ゲストもいつの間にかディズニーリゾートは清潔な場所っていうイメージを持つようになったからなんだ。

人は自分が、ここは清潔な場所だってイメージしたら、そこを汚したくない気持ちになる。ディズニーが日本に開園した当初は、まだいわゆる〝遊園地〟のゴミ箱のイメージで、飲み残しがそのまま捨てられたり、ガムなんかもこびりついてるのが当たり前だった。

だけど今、そんなことする人はほとんどいないよね。キャストがいつもきれいに磨きあげてきたパークでは、トラッシュカンでさえゲストがみんなきれいに使いたくなる。

僕のかつての上司は、自分たちの仕事はパークを浄化するだけでなく、人の心も浄化するんだって言ったよ。そのとおりになったっていうわけさ」

金田さんと話しているうちに、俺はこれまであまり感じたことのないような気持ちになっていた。認めたくはないけれど、自分がすべてをねじ曲げて見てるから、世の中もねじ曲がって見えてしまうような気がしてきたのだ。

自分の大先輩のような人なのに、この金田さんという人はすごく人をまっすぐに見ている。それもこれもディズニーという存在がそうさせているのだろうか。

だけど、やっぱりまだ大人の言うことは素直に受け取れない気持ちもある。

（そうだ！）

俺は、自分の中で小さくひらめいた。明日、ディズニーランドに行ったら、金田さんが言ったことが本当なのか、それとも俺をうまく言いくるめるために言ったのかわかる方法がある。

それを試してみよう。まあ、たぶん結局、いいこと言ってたって実際は大人のやることなんだから口だけだろう。俺はそう思って、金田さんに「わかった。明日パークで確かめてみますよ」と言って部屋に戻った。

## ――　ディズニーランド当日　――

「先生！　大変大変！」

「どうした？　ディズニーランドであんまり騒ぐなって言っただろ」

「だって高山絵梨《たかやまえり》ちゃんが修学旅行のしおりをなくしちゃったって」

「なんでそんな大事なものなくすんだ。けど、騒ぐな。あとでホテルに戻ってちゃんと調べなさい」

「でも、絵梨ちゃん、しおりに妹とか従妹《いとこ》に頼まれたおみやげのメモとか書いてるらしくて、それがないと買えないって泣いちゃってて。同じ班の栗山くんたちにちょっとしおりをまとめて持ってもらってたら、絵梨ちゃんの分だけどっかいっちゃったって」

修学旅行の実行委員をしてる女子が先生を呼んで何やら報告していた。まったく、あいつらなんでもかんでもすぐ報告したがるから面倒くさい。

早速、先生のひとりが俺を見つけて「高山のしおりどうしたんだ?」と言ってきた。

「べつに、どうもしてないよ」

「みんなの荷物としおり預かってて、なんで1冊だけなくなるんだ?」

「なくなってないって。俺のしおり捨てただけ。そんな騒ぐことじゃないっしょ」

「捨てた?」

「だって、俺、しおりなんて読まないから邪魔だし」

「お前のしおりじゃないぞそれ。高山のだ。大事なメモも書いてあったんだぞ」

おい、まじかよ。やってしまった……。

班の女子からアトラクションの前で「どうせ栗山くん、こういうの乗らないんでしょ。だったら班のみんなの荷物、ちょっと預かっててよ」と半ば無理やり押しつけられたとき、昨日ひらめいたことを実行する単独行動のチャンスと思ったのだ。

昨日の金田さんの話が本当なら、トラッシュカンとやらの中まできれいなはず。すきまにしおりを突っ込んで、あとで「しおりがやっぱり必要だから」とキャストの人に頼んでゴミ箱の蓋を開けてみれば、すぐに本当かどうかわかる。

トラッシュカンの中の内側まで毎日ピカピカにされてるなら、しおりだってきれいなまま発見されるだろうと思ったのだ。それに、もししおりがそのままゴミと一緒に運ばれて、べつに自分の分がなくなっても友達に見せてもらえばいいやって。

俺はそう考えて自分のしおりをトラッシュカンのすきまに捨てたつもりだった。だけど、怪しまれないように周りの様子を気にしながらだったから、うっかり高山のしおりを自分のと間違えて捨ててしまったらしい。


「ツイてねぇよな」

俺としたことが、とんだヘマをしてしまい自分に腹が立った。

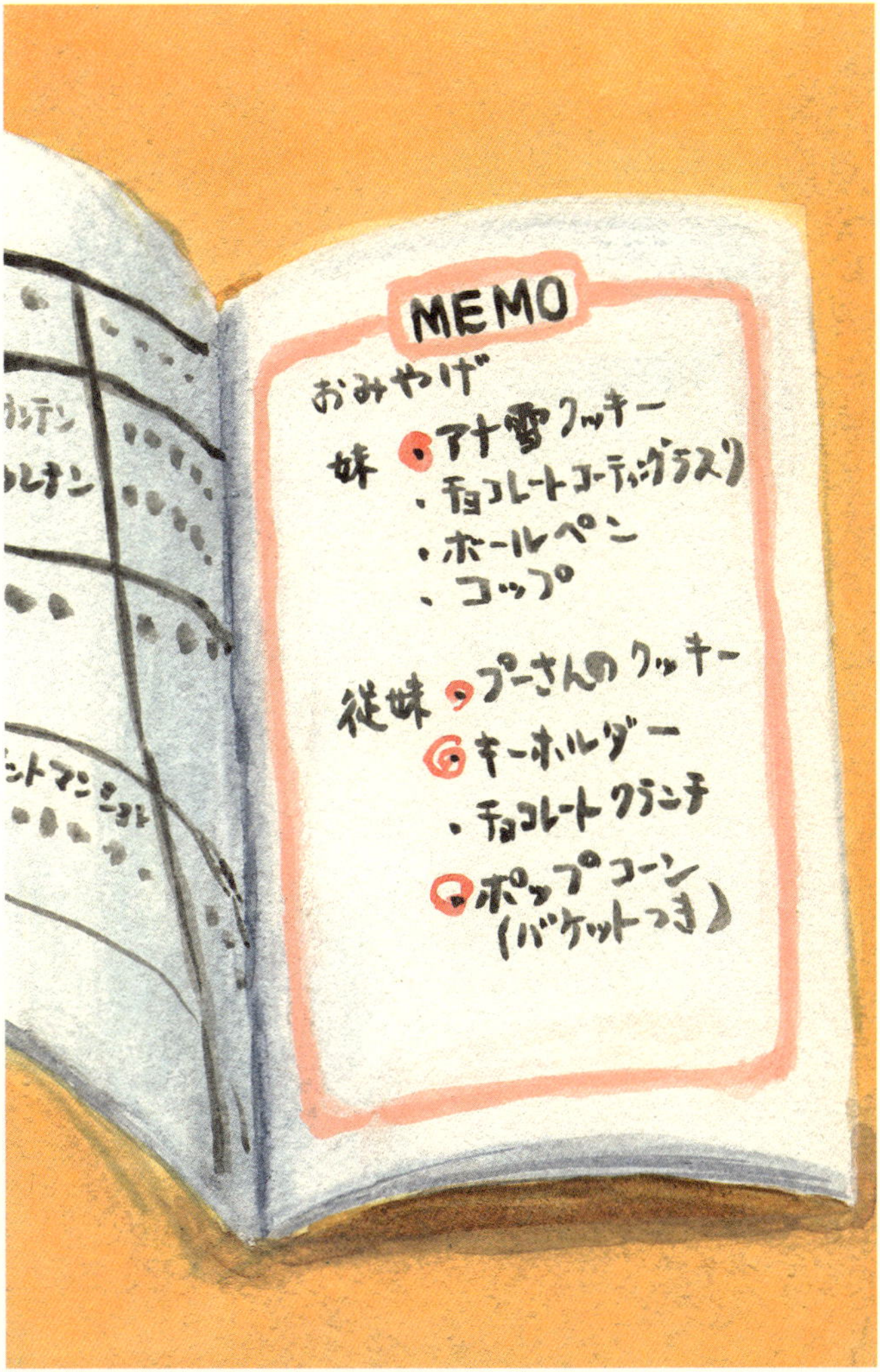
MEMO
おみやげ
妹 ・アナ雪クッキー
・チョコレートコーティングラスク
・ボールペン
・コップ
従妹 ・プーさんのクッキー
・キーホルダー
・チョコレートクランチ
・ポップコーン
(バケットつき)

「ツイてないじゃないだろ、栗山」

先生が半ばあきれながら近くのキャストに事情を話し、しおりを見つけてもらって回収するという。ところが、自分でも適当に歩きながら目についたトラッシュカンに放り込んだので、エリアはだいたいわかっても、どこのトラッシュカンというところまで覚えていなかった。

金田さんが言ってたようにディズニーにはトラッシュカンが思ってる以上にたくさんあるのだ。

俺も先生にこっぴどく怒られながら、カストーディアルキャストのお兄さんと一緒に心当たりのトラッシュカンを探す。

キャストのお兄さんも、俺に厳しいひと言があるんだろうなと覚悟していた。

「……ここかも？」

あいまいな記憶を頼りにトラッシュカンのところで俺が立ち止まると、キャストのお兄さんは、すぐに躊躇《ちゅうちょ》なく扉を開けて中に顔を突っ込む。

（金田さんの言ってたとおりだ！）

「ないですね」

キャストのお兄さんが残念そうに首を少し振った。

「たぶん、こっちのほうですよね」

それでも、まるで俺の足取りがわかっているかのように、キャストのお兄さんは歩いていく。

「あの……」

俺はどうしても気になっていたことを聞いてみることにした。

「どうして俺に厳しく言わないんですか？」

「厳しくですか？」

キャストのお兄さんは、ちょっとふしぎそうな顔をした。

「俺が余計な仕事を増やしたじゃないですか」

「そんなことないですよ。でも、今度からはちょっと気をつけたほうがいいかもしれませんね、トラッシュカンに何かするのは。中には、いたずらされるとびっくりして噛みついてしまうのもあるかもしれませんから」

キャストのお兄さんが言う。トラッシュカンが驚いて噛みつく？　まさか。

「私もだから気をつけてるんです。ちゃんとトラッシュカンを開けるときは機嫌を確かめてます。なにしろ、ここは開拓時代のウエスタンランドのエリアですから、ちょっと血の気の多いものもありますからね」

そう言ってキャストのお兄さんは笑った。


（なんなんだ、この人）

俺は、悔しいけどカッコいいなこの人たちと思った。もし、ふつうに俺のやったことを注意したりしただけなら、そんなふうには思わなかっただろう。

自分たちの仕事にプライドを持っているし、それをそのまま自慢したりするようなふうでもなく、俺に恥をかかせるような言い方もせず、だけどちゃんと伝えたいことを伝えているのだ。

「……これかも」

見覚えのあったポップな色で塗られたトラッシュカンのところで俺が立ち止まると、また同じようにキャストのお兄さんが顔を突っ込む。トラッシュカンの中でお兄さんの手が止まった。

「はい、これですね」

しおりを無事に発見したキャストのお兄さんはそう言って俺に、大切なものを見つけたように笑顔を見せてくれた。手元に戻ってきたしおりはゴミ箱のせいで汚れることもなくきれいなままだ。

「おい栗山、ちゃんとお礼を言いなさい」

先生が俺の頭を押さえてくる。わかってるよ。

「あの……なんか、あざっす」

「もっとちゃんと言えないのか……ったく」

不満気な先生を無視して俺はキャストのお兄さんに頭を下げた。

「いいんですよ、そんな。お客様の困ってることをなんとかするために僕たちはいるんですから」

「お兄さんを困らせたかもしれないようなことでも？」

金田さんはたしかにキャストの人は自分の仕事にプライドを持ってるって言ってたけど本当なのか。さすがにこんなことがあって、それでもきれいごとは言えないだろうと思って俺は聞いてみた。

「はい。大事なゲストでいらっしゃることに変わりはありませんから。もしパークで少し残念なことがあっても、最後はやっぱりディズニーっていいね、また来たいねって思っていただけるようにするのが僕たちの仕事。喜びって言ったほうがいいかな。ほんとにそれだけですよ。

それにね、ウォルト・ディズニーはこんなふうにも言ってます。ディズニーランドは自分のためにつくるんじゃない。人が何を望んでいるかを知り、その人たちのためにつくるんだって。

ここにいらっしゃるゲストは、どんな人であっても、心のどこかで人のやさしさ

や、人が持つ自然な思いやりに触れたいって思ってるんです。でも、なかなかふだんはそう思ってても、そんな気持ちを素直に出せないですよね。

だからここでは大人も子どもも、誰でも人間本来の純粋さに戻れるようにって、僕たちも接してるんですよ」

キャストのお兄さんは俺にそう言って、「いっぱい楽しんでくださいね」と手を振った。

それからまた何事もなかったように、他のゲストに笑顔で対応したり、パークをきれいにしてる姿を見て、やっぱりカッコいいと思った。

俺はなんだか、ガツンとやられたわけでもないのに、すごい相手に負けたような、それでいてなんだかすっきりしたようなふしぎな気持ちになっていた。

*

修学旅行でディズニーリゾートに行く中学生向けの講演をすると、そのあとでいろんな感想をぎっしりと書いて送ってくれることがある。僕は子どもたちの、その率直な感想を読むのが楽しみなのだ。

岩手県の中学校からやってきた修学旅行の生徒たちの感想を読みながら、「いいこと言ったって、ディズニーランドだってお金儲けのためにやってんだろ？　そうじなんて喜んでやりたい人はいないさ」と僕に言った栗山航希はどうしてるかなと思った。

感想を送ってもらったお礼を伝えるときに、僕は栗山航希のことを先生方にそれとなくたずねてみたのだ。

ところが——。

修学旅行後、航希は学校をサボりがちになっているという。生徒たちの間では航希が町の良くないグループの先輩に誘われて、良くないバイトをしているらしいと噂になってるらしい。

僕は航希の、あの鋭いけれども何か純粋な目を思い浮かべた。

＊＊＊＊＊

俺の両親の経営する工場は、さらに経営が厳しくなっていた。父親も母親も「航希が心配することじゃないから」と言うけれど、日に日に険しい顔になっていくのが俺にもわかった。

町で久しぶりに会った先輩にも「航希、どうしたんだよ」と言われた。両親だけじゃなく俺の顔も険しくなってたらしい。

俺は先輩に事情を話し、先輩の親が経営する自動車修理工場でバイトさせてもらうことにした。どうせ学校に行ったって、おもしろいこともないし、修学旅行でのディズニーランドの〝事件〟があってから先生が俺を見る目もさらにキツくなっていたのだ。

「航希君、ほんとありがとう。助かるよ。ちょうどタイヤ交換とか点検で忙しいときに来てもらえて」

少ししか出せなくて悪いけどと言いながら、自動車修理工場オーナーの先輩のお父さ

んが俺にバイト代を出してくれた。

「いや、こっちこそ助かるっす。簡単なことしかできないすけど」

俺はオーナーにお礼を言った。

「でもさ、学校大丈夫なのか？　うちは来てくれて助かるけどさ。あんまり学校サボってると高校進学のことだってあるしさ」

「大丈夫すよ。どうせ学校の先生も俺のことは面倒くさがってるし、内申点だって低いのわかってるし」

俺がそう言うと、オーナーは「そうか」とだけ言った。


――　次の日　――


「ちょっといいかい。ここの卒業生の親で、自分もＯＢなんだけどさ」

「はい、なんでしょう？」

応対に出た中学校の事務職員さんが、油まみれのツナギの作業着姿に一瞬、驚いた顔をした。

「栗山航希のことで、ちょっと、なんていうか相談があってさ」

職員室の片隅にある応接スペースで少し待たされてから、航希のクラス担任と学年主任の先生が出てきた。ちょうど、学年主任の先生は自分の息子の担任だったこともあって「あぁ」という感じになった。

息子のときもお世話になったなとかなんとか、一応それらしいあいさつをしてから、ちょっと一呼吸置いて本題に入る。

どうも、学校という場所は卒業して何十年も経つけど自分にとって居心地のいい場所ではない。息子もそうだったけど、自分も中学のときはさんざん好き勝手して、追い出されるように卒業したのだ。

本当なら、わざわざ顔を出したい場所でもないのだが、そんなことも言っていられない。

「栗山航希なんだけどさ。学校サボってるよな」

どう切り出していいものかわからず、なんだか航希のことで文句を言いに来たみたいな感じになってしまった。

「ええ。それが何か」

「……じつは、うちでちょっと仕事手伝ってもらってんだよね」

クラス担任と学年主任の先生が顔を見合わせた。

「航希さ、うちの息子の後輩ってのもあって、自動車修理工場の仕事を手伝ってくれてるのさ。ちょうど、スタッフがひとり急に辞めちまって困ってたんだ。

航希、両親の工場が大手の取引先から一方的に仕事を切られて、経営がかなり厳しいみたいなんだよな。それで少しでも自分がバイトして家の助けになればって」

「いや、でもそもそも原則的に生徒のアルバイトは……」

学年主任の先生が困ったなという顔をして言った。

「わかってる。規則だな」

規則なんていう言葉にいちばん縁遠かった人間がそう言ったので、学年主任の先生も苦笑いするしかないみたいだった。

「それに」と、もう一度先生方を見渡しながら言う。「航希、こっちがしなくてもいいよと言ってもさ、自分でそうじ道具まで用意してトイレそうじまでやってくれるんだ。スタッフもお客さんもそのほうが気持ちがいいだろうからって。ろくにそうじもしてなかった汚いトイレをだよ。

どうやら航希は修学旅行でディズニーだったっけ、そこ行ったときに元ディズニーの人やらそこで働いてる人から聞いた話や、実際に見たものでショック受けたみたいだな。人が見てても見てなくても、自分がプライド持って仕事してるカッコいい大人もいるんだってさ。それまで、自分がいろんなもの斜めに見てたんじゃないかって。

航希はあんた方が思ってるような子じゃない。すごくいい子だ。本当は学校に内緒でバイトのようなことをさせるのはダメだよな。けど、その責任は自分が取るから許してやってほしい。頼む」

「いやいや、そんな頭下げられたら困りますから」

「それにだ。このままだったら航希、高校だってヤバいだろ？　俺は航希みたいな心根のやつには、ちゃんとチャンスを与えてやってほしいんだ。そんなの自分が言うガラじゃないのわかってっけどさ」


応接スペースには、いつの間にか他の先生たちも集まってきて「あの栗山航希が⁉」という顔になっていた。

みんなの知らない航希がそこにはいたのだ。いや、みんなが知らないというより、それが本来の航希なのかもしれなかった。

「あいつはもう高校に行くのは無理じゃないか」と半ば見放していた先生も、どうやら航希のことを見直してくれたようだ。しばらく話したのち、クラス担任の先生も、航希が学校に戻ってくれれば高校進学できるように支援すると約束してくれた。

俺は先生たちに礼を言って学校をあとにした。

＊＊＊＊＊

納品されたタイヤを運んでいると、オーナーが俺を呼んだ。仕事中に、あまり作業を中断させるようなことをしない人なので、なんだろうと思ってオーナーのところに行くと、思いがけないことを言われた。

俺の中学に行って、先生たちに会ってきたという。

「え……なんで、そんなことするんすか」

思わず、ちょっと責めるような口調になった。裏切られたと思った。オーナーも結局、他の大人たちと同じように、口では調子いいことを言って自分を都合よく使って、もう必要なくなったら学校に告げ口したのだ。

「汚いっすよ」

俺はオーナーに言った。

「違う。航希、勘違いすんな。お前が学校に戻れるように話つけてきた」

「だから俺は学校なんか戻りたくないって言ってんですよ。もういいっす。辞めます」

ロッカーに突っ込んであった自分の服をひったくるようにして出ていこうとすると、オーナーが大きな声で「航希！　ちょっと待て」と俺を呼び止めた。

「……なんすか」

「ちょっと来い」

俺が睨むような顔をしてると「いいから来い」と、さらに強く言って俺を修理工場の隅のほうに連れていった。

「出ていくなら、こいつも一緒に持ってけ」

「え、これって？」

オーナーが指差したのは見覚えのあるコンプレッサー（圧縮機）という機械。父親の工場で大事に使ってきたもので、圧縮空気の力でボルトを締めたり外したりするときなどに使うやつだ。

父親が工場を立ち上げたときから使ってきた思い入れのあるものだったが、壊れてしまい工場がつぶれそうになって修理もままならなくなったので放置されてたのだ。

「修理しといた」

オーナーがぶっきらぼうに言った。

「え、でも修理って……。それにピカピカじゃないすか」

どうやら壊れてる部品を修理しただけでなく、汚れた部分を磨いたり、今はもう手に入らない部品の代わりに他のパーツを使ったりもしてくれている。

「どうしてこんなことを?」

俺は驚いてたずねた。自分のものでもない機械をお金と時間をかけてわざわざ修理してきれいにしてくれるなんて。

「世の中は航希が感じてるようにお金で動いている部分もたしかにある。けどな、決してそれだけじゃないさ。

自分にできることがあれば最高の仕事をしたい。ただそれだけを考えてやる人だっているさ。お前のお父さんだって、そういう人だな。俺と同じように油まみれで仕事してる人間だから、その手と目を見たらわかるさ」

オーナーは俺が知らない間に父親に会いに行って、自分のところを俺に手伝ってもらっていたことのお礼とお詫びをしていた。

そして、そのときに父親の工場で見かけたコンプレッサーの修理を申し出たのだという。それればかりかオーナーが懇意《こんい》にしている機械メーカーに話をして、新たな取引の仲介までしてくれたのだ。

「まあ、そういうことだからさ。あとでお父さんと一緒にトラックででも取りに来い。お父さんの工場は俺の仲間も力になれる。航希は学校戻ったらいいさ。で、高校行ける準備だけしろ。そしたら、またうちを手伝ってくれ。な?」

俺は何も言えなかった。なぜか胸の奥が熱くなった。

「どうした航希? 泣いてんのか?」

「……ないすよ…」

俺は、何か自分がこれから生きていく中で大事なもののかけらを見つけたような気がした。

あのときディズニーの話で金田さんが言ってくれたことも思い出す。誰が見ていようと見てなかろうと自分が本当に心からやりたいことをやる。それが大事なんだって。

＊

２０１６年　６月

久しぶりに学校に現れた航希を見てクラスは少しざわついた。そして朝のそうじの時間。クラスのみんなが目を丸くする。あの航希が真っ先にトイレそうじをやり始めたからだ。

「……航希、どうしたんだよ？　大丈夫か？」

「何が？」

「トイレなんて俺らがやんなくても」

久しぶりに遊び仲間が学校に来て、うれしいような何があったのかわからずに困惑したような表情の航希の友達が言った。

「べつにいいじゃん。やりたいんだから。というか、一緒にやろうぜ。超ピカピカにしたら気持ちいいから」

「……急にそんなことしてたら他のやつらに笑われるし」

「他のやつは関係ない。自分がやりたいからやるんだよ。それがいちばんカッコいいじゃん」

とまどいながらトイレそうじをのぞきこむようにしているクラスの仲間に、航希はそう言って笑った。

## ――4年後――

栗山航希のように大人の社会に対して反発心や疑問を持っている子は少なくない。本当はまっすぐな想いを抱いているのに、ときには航希のように〝想いと現実〟のぶつかり合いで弾き飛ばされるように嫌な目にあうこともあるのだろう。

とくに今の世の中は、なんでもお金のために動いているかのようだ。ニュースで流れてくる出来事や話題も、人の気持ちや幸せよりもお金が主役。まるで「お金が正義」であるかのように思ってしまう。

それはウォルトがディズニーランドを構想し現実化しようとしたときも同じだった。

「夢をかなえるためには、たくさんのお金がかかるんだ」

ウォルトの夢を実現させるために、ウォルトの兄でありビジネスパートナーだったロイが銀行との交渉で苦しい想いをしているときには、さすがのウォルト自身も兄のことを心配して周囲にそう言っていた。

けれども、ウォルトがすばらしかったのは、だからといって「お金」や「名誉」に心を譲り渡したりしなかったことだ。

あるときウォルトはこう言っている。

**「ディズニーランドはお金儲けのためにつくったのではない。愛のためにつくったのだ」**

ディズニーランドはあくまで、人々に「人間本来の愛にあふれた世界」を体験してもらい、そのすばらしさを取り戻してもらうことが目的だったのである。

ときに人は、そうした想いを理想論だと笑ったり斜めに見たりする。だが、真実は違う。ディズニーの世界に一歩足を踏み入れれば、まさにウォルトが想い描いた世界がそこにあることにハッとさせられる。

そしていつしか、その世界にいる自分がとても楽で楽しいことに気づく。自分を良くみせることも、小さくなることもせず、ありのままの自分でいられるからだ。

僕も、本当の人間の姿に触れたくなったときは、自然に足がディズニーランドに向いてしまう。

初夏の陽気に誘われた、ある土曜日。その日も、パークをふらっと歩こうかと考えて、その前に大好きなチャイナボイジャーで担々麺を食べることにした。あの味は妙にクセになるのだ。

シンデレラ城前のプラザからチャイナボイジャーのあるアドベンチャーランドに向かおうとしたとき、パレードルートで若い男の子のカストーディアルキャストに小学生ぐらいの男の子が話しかけているのが目に入った。

キャストの中でも、まだ若々しい感じがしたので大学1年生ぐらいなのかもしれない。

ディズニーでは学校にＯＫをもらって主に週末とか休み期間に働く学生キャストは珍しくないのだが、小学生のゲストの男の子も、そんな若いキャストは話しかけやすかったのだろう。

僕は、そんなゲストとキャストの交歓風景がとても好きなのだ。少し近づいてみると、ゲストの男の子は笑顔でしゃがんだキャストに何やら質問をしているみたいだった。

（おや、あの少し鋭いけれど、純粋に人と向き合う目は……）

「――そっか、ディズニーの仕事楽しそうに見える？　大きくなったらディズニーでお仕事してみたいんだ」

男の子はキャストに元気よくうなずいている。

「じゃあね、お兄さんがいいこと教えてあげるよ。どんなことをやっても楽しくなる秘密は真剣にやること」

わかった！と返事する男の子にキャストの彼は約束の指切りをした。

少しやんちゃな面影を残したその瞳は、どこまでもまっすぐに自分と男の子の未来を見つめている。その先に、「ディズニーの夢をかなえる神様」が微笑んでいるのが見えた。

おわりに

# 夢はいつでも自分の中に

ディズニーのない人生なんて考えられない――。

そんなふうに話すディズニーランダーズ（ディズニーの世界を愛し、ディズニーを通して出会う仲間を大切にする人たち）がたくさんいます。

私も、もちろんそのうちの一人。いったい、なぜそんなにも多くの人にディズニーという存在は勇気とハピネス（幸福感）を与えてくれるのでしょうか。

それも、どこでどんな状況を抱えている人であっても、一切関係なくすべてを包み込むような大きくてふしぎな力がディズニーにはあるのです。

私は自分自身の経験や、ディズニーを通して出会った数多くの人たちとの交流からそのことを感じ、みんなにも〝体験〟してもらいたくて、このシリーズを8年にわたって著してきました。

なかでも、とくに届けたかったのは未来をつくっていく子どもたち、学生たちです。自分の手でしっかりした夢を描いてかたちにしようとしている子もいれば、周りを気にして夢を見失ったり、自分の中にあるかたちのはっきりしない夢のかけらが、ときには自分の心をざらつかせたりしている子もいます。

自分でもどうしていいかわからない。そんな、かつての私のような誰かにも「夢を持つこと」「限界を決めないこと」で、人生はどんなときでも、どんなところからでも変えられるのだと伝えたいのです。


高校時代。私は悩みの底でもがき続けていました。人と比べて自分の劣っているように思える部分ばかりが目につき、まるで自分に自信が持てず、自分にはなんの夢も可能性も見えてこないことに絶望していたのです。

そんなとき、ふと手にした加藤諦三先生（社会学者・早稲田大学名誉教授）の『俺には俺の生き方がある』という本を読み、大げさではなく体に電流が流れるような想いがしました。

いつも周りからどう思われているかばかりを気にして生きていた自分に、「人は比較する存在ではない」「人は生まれながらにして個性があり、自分は自分らしく生きてこそ幸せである」とズバッと正面から突き付けてもらったのです。

加藤諦三先生の本と出会い、私は他人や周りを気にする生き方から決別する勇気をもらいました。

そして、いつか狭い自分の世界から抜け出して、どこまでも広い「本当の世界」を感じられるような仕事がしたい。自分の中にずっと眠っていた「夢」を思い起こすことができ、やがて本当にディズニーという夢の世界に足を踏み入れることになったわけです。

ディズニーに入ってさらに驚かされたのは、夢のように思えること、そんなのは理想的すぎると非現実的に考えてしまいそうなことでも「本気」で取り組む人たちの姿です。

東京ディズニーリゾートがリピート率9割を超え、日本はもちろんアジアを中心に世界からも大勢のゲストが訪れるほどの魅力的な存在になれたのは、キャストの仕事ぶりはもちろん、キャストがゲストと心を通わせることをずっと大事にしてきたからでしょう。

営利を目的とする企業が、お客様であるゲストと本当に心を通わせ合い、一つになるなんて、多くの場合は「掛け声だけ」の理想で終わってしまいがち。ですが、ディズニーでは本書の3つの物語の中でも描かれたように、本当にそうありたいと願うキャストとゲストの協働作業で現実にしようとしているのです。

まさに「夢の世界」。ウォルトはディズニーランド構想を実現させたとき、それまでの「遊園地とはこんなものだ」という常識や周りの声など気にせず、こう言いました。

**「自分のためにつくるんじゃない。人が何を望んでいるかを知り、その人たちのためにつくるんだ」**

ウォルトが見ていた「人が望むもの」とは、「人間らしい本当の姿でいられる幸せ」なのだと私は思います。

周りを気にすることなく誰もが自分の夢を持ち、お互いにありのままを認め合うことができ、夢は必ずどんなかたちであっても実現できると思えば勇気づけられる。そんな「人間らしいゲストやキャスト、キャラクターたち」がいるからこそ、たくさんの人がディズニーという存在にハピネス（幸福感）を感じるのでしょう。

ウォルトが描いた夢は今、現実のものとなりました。ディズニーという存在、そしてディズニーランダーズの姿こそ「夢はかなえられる」ことを教えてくれています。けれども多くの人は100メートル先のゴールを目指していながら95メートルであきらめたり、引き返したりする。あと5メートルをがんばれるかどうか。夢をかなえる秘訣はきっとそこにあるのです。

本書の執筆を通じて、私は本当にたくさんの子どもたち、生徒たちの夢を聞かせてもらいました。

「宇宙飛行士になりたい」「学校の先生になる」「ディズニーのキャストになりたい」「看護師になる」「法医学を勉強したい」「物理学者になりたい」——。

書ききれないほどの夢と出会えたことそのものが私には宝物。そんなみんなの夢の

「最後の5メートル」の後押しに本書が少しでもなれることを願って。

**「夢をかなえる秘訣を知る人にも越えられない壁があるなんて、私にはどうしても信じられないんだ」**

——ウォルト・ディズニー

最後に、本書を通して、数々の読者と夢を分かち合うきっかけをつくってくれた制作スタッフに心からの感謝を。

デザイナーの長坂勇司さん、イラストレーターあさのけいこさん、永島壮矢さん、編集協力いただいたふみぐら社さん、弊社スタッフの白石照美さん、シリーズ生みの親、育ての親ともいえるSBクリエイティブ編集長の吉尾太一さん。それぞれに言葉では表しきれない感謝を届けたいと思います。

また、会いましょう！

※本書は筆者自らの経験および取材による実話に基づいて創作された物語であり、
実在の人物・団体とは関係がありません。

## 参考文献

『ウォルト・ディズニー 夢をかなえる100の言葉』（ぴあ）
『ウォルト・ディズニー すべては夢みることから始まる』（PHP研究所）

鎌田 洋（かまた ひろし）

1950年、宮城県生まれ。商社、ハウスメーカー勤務を経て、1982年、（株）オリエンタルランド入社。東京ディズニーランドオープンに伴い、初代ナイトカストーディアル（夜間の清掃部門）・トレーナー兼エリアスーパーバイザーとして、ナイトカストーディアル・キャストを育成する。その間、ウォルト・ディズニーがこよなく信頼を寄せていた、アメリカのディズニーランドの初代カストーディアル・マネージャー、チャック・ボヤージン氏から2年間にわたり直接指導を受ける。その後、デイカストーディアルとしてディズニーのクオリティ・サービスを実践した後、1990年、ディズニー・ユニバーシティ（教育部門）にて、教育部長代理としてオリエンタルランド全スタッフを指導、育成する。1997年、（株）フランクリン・コヴィー・ジャパン代表取締役副社長を経て、1999年、（株）ヴィジョナリー・ジャパンを設立、代表取締役に就任。著書に『ディズニー そうじの神様が教えてくれたこと』『ディズニー サービスの神様が教えてくれたこと』『ディズニー ありがとうの神様が教えてくれたこと』『ディズニー おもてなしの神様が教えてくれたこと』『ディズニー ハピネスの神様が教えてくれたこと』『ディズニー キセキの神様が教えてくれたこと』『ディズニー キズナの神様が教えてくれたこと』（以上、SBクリエイティブ）、『ディズニーの絆力』（アスコム）がある。

ディズニー 夢《ゆめ》をかなえる神様《かみさま》が教《おし》えてくれたこと

2018年9月19日　初版第1刷発行

著者 鎌田 洋
発行者 小川 淳
発行所 SB クリエイティブ株式会社
〒106-0032 東京都港区六本木2-4-5
電話 03(5549)1201（営業部）

装丁・本文デザイン 長坂勇司
イラスト あさのけいこ・永島壮矢
編集協力 ふみぐら社
編集担当 吉尾太一
組版 アーティザンカンパニー株式会社
印刷・製本 中央精版印刷株式会社

---


ISBN 978-4-7973-9412-2